平成29年改訂
中学校 教育課程実践講座

美 術

永関 和雄／安藤 聖子 編著

ぎょうせい

はじめに

　本書は，中学校美術の授業の質を生徒一人一人の心に響くものに高め，美術ならではの学びの特性を生かしながら「生きる力」に結び付けることをねらいとして執筆編纂したものである。

　今回告示された新しい学習指導要領の解説にも多くのページを当てているが，学習指導要領の骨格とも言える考え方は，これまでと大きく変わるものではない。学校教育全体を通して身に付けさせたい資質や能力を教科の枠を越え整理する流れから，使用されている文言などに変化はあるが，全体を通して流れる美術教育への根本的な思いはそのままに受け継がれている。

　中学校美術について見ると，我が国の学習指導要領の理念は本質的で素晴らしく，それに基づいて作成されている美術の教科書も各社とも美しく質の高いものであると思う。このことからも，図画工作や美術が必修教科として義務教育全体で履修されている我が国の美術教育は，世界の中でも恵まれた環境の下で行われていると言える。

　しかし，実際に全国の中学校で行われている美術の授業の実態はどうであろうか。私の知る限り，残念なことであるが，学習指導要領の精神を具現化した生徒の心に響くような授業が，全ての学校で行われているとは言い難い現実がある。

　本書を読まれている先生方，教育関係者，あるいは将来の美術教師を目指す学生諸君等は，美術の授業を通して生徒のどのような資質や能力を高めようとするのかをこれまで以上に意識する必要があるだろう。

　美術の授業で高める資質や能力は，美術的な表現技能や鑑賞の知識理解ばかりではない。自らの感性で自分らしく感じたり表現しようとする意欲や力，一人一人のもつ異なった感じ方を理解したり伝え合う

力など様々である。

　美術を指導する教師が，学習指導要領の趣旨を理解し，美術の表現や鑑賞の学習活動により，一人一人の生徒が自己形成を目指した好ましい変容を遂げられるよう教材の選定や指導・評価の工夫などについて本書を手掛かりとして考えていただきたいと願うものである。

　豊かな自己形成につながる美術による学びは，制作方法が決められた安易なセット教材やキャラクターの模倣，根気強さだけを要求するかのような授業から実現させることはできない。

　本来の美術の授業は，生徒が教師の働きかけにより，自分の目や感性を通して外の世界を見るとともに，自分の作品などと対峙することを通して自分自身の内面をも見つめることができるものでなければならないのである。

　本書では，多くの実践家の協力を得て豊富な実践事例を紹介し，具体的な授業の提案を通してこれからの授業の方向性を示そうとした。真摯に授業に取り組まれている先生方の参考となれば幸いである。

　感性に裏付けられた目や心と形や色彩で思いを表現しようとする手によって成り立っている美術による学びには，他の教科にはない力がある。主体的な実感を伴い自分としての意味や価値を追求する美術の表現や鑑賞の学習を通して，豊かな情操を育む授業が，今後全国の中学校で行われるようになることを願っている。

編著者代表　永関和雄

目　次

第1章　学習指導要領改訂の背景と基本的な考え方

第1節　現行学習指導要領の成果と課題 …… 2

- Q　現行学習指導要領（平成20年告示）の中学校美術科における成果と課題とは，どのようなものですか。　2
  1. 学習指導要領の意義と授業の実態　2
  2. 教科書を指針とした授業の展開　3
  3. 現行学習指導要領に見られる指導の成果　4
  4. 現行学習指導要領に残された課題　6

第2節　中学校美術科の指導を通して育てたい資質・能力 …… 11

- Q　中学校美術科の指導を通して子供たちに育てたい資質・能力とは，どのようなものですか。　11
  1. 科学と芸術の違いと意義　11
  2. 「自分」を深く見つめ，感じる大切さ　12
  3. 美術を学ぶことで育つ資質・能力　15

第3節　中学校美術科における「主体的・対話的で深い学び」 …… 24

- Q　中学校美術科における「主体的・対話的で深い学び」をどのように捉えればよいですか。　24
  1. 主体的な学びの必要性　24
  2. 「美術による学び」と主体性　26
  3. 対話的な学びの意義　28
  4. 深い学びの実現に向けて　31

第4節　中学校美術科における「見方・考え方」 ……………………… 33
Q　中学校美術科における「見方・考え方」をどのように捉えればよいですか。　33
　　1　子供の発達と造形的な「見方・考え方」　33
　　2　造形的な視点を養う　38
　　3　自分としての意味や価値に気付く　39

第2章　中学校美術科の目標の改訂

第1節　教科の目標の改訂 …………………………………………………… 42
Q　中学校美術科の教科目標はどのように改訂されましたか。ポイントを教えてください。　42
　　1　目標の目指すもの　42
　　2　教科の目標(1)〜(3)のポイント　47
第2節　各学年の目標の改訂 ………………………………………………… 55
Q　中学校美術科の各学年の目標はどのように改訂されましたか。ポイントを教えてください。　55
　　1　具体的な目標　55
　　2　学年の目標と学年の発達の特性　57

第3章　美術科の内容と各学年の内容

第1節　3年間を見通した指導計画の作成と内容の取扱い ……………… 62
　　1　主体的・対話的で深い学びの実現に向けた授業改善　62
　　2　「A表現」及び「B鑑賞」の関連をもたせた指導　65
　　3　「A表現」及び「B鑑賞」の指導計画について　66

4　障害のある生徒などへの配慮　67
　　5　内容の取扱いについてと指導上の配慮事項について　68

第2節　第1学年 ……………………………………………………………………… 71
　　1　A表現　71
　　2　B鑑賞　76
　　3　内容の取扱い　81

第3節　第2学年及び第3学年 ……………………………………………………… 82
　　1　A表現　82
　　2　B鑑賞　89
　　3　内容の取扱い　93

第4章　「主体的・対話的で深い学び」を実現する授業づくり

第1節　資質・能力を育む題材の視点 …………………………………………… 96
　　1　意欲を高める導入の工夫　96
　　2　表現と鑑賞の融合した題材　99
　　3　自ら考え自ら決められる主体的な活動　102
　　4　達成感と成就感の味わえる題材　103

第2節　資質・能力を伸ばす指導と評価 ………………………………………… 104
　　1　美術における評価の目的　104
　　2　自信や自己肯定感につながる評価　105
　　3　よさや美しさに気付かせる指導　106
　　4　結果のみを評価しない　108
　　5　指導改善のための評価　109
　　6　生徒の自己評価を生かした指導　110

第5章　実践事例

実践1　私の心の風景〜学校生活を描く〜〔第3学年／表現〕　114

実践2　自画像「大人になった自分への手紙」〔第3学年／表現〕　118

実践3　私の花〔第1学年／表現〕　123

実践4　動け！　オノマトペ〔第3学年／鑑賞・表現〕　127

実践5　感情の色と形〜クレヨンを楽しむ〜〔第1学年／表現〕　132

実践6　クラスCMを作ろう〜コマ撮りアニメーションで表現しよう〜〔第1〜3学年／表現〕　137

実践7　私のジャポニズム〜オリジナル商品で世界に日本を発信しよう〜〔第3学年／表現〕　141

実践8　柳生和紙の魅力を伝える〔第2・3学年／表現〕　145

実践9　スーベニア　タンブラー〔第2学年／表現〕　149

実践10　自分のマーク〜自分のイメージを伝えるマークを作ろう〜〔第1学年／表現〕　153

実践11　美術にカメラ〜心の中に種をまこう〜〔第1学年／表現〕　157

実践12　プロジェクター・プロジェクト〜壁面投影の手法を使った新しい表現を探る〜〔第2・3学年／表現〕　161

実践13　手ぬぐいのデザイン〔第1学年／表現〕　165

実践14　卒業記念共同制作「よりよい生活空間に向けて，私たちが遺していくもの」〔第3学年／表現〕　169

実践15　今も生きているよ〜伊藤若冲「鳥獣花木図屏風」の鑑賞〜〔第1学年／鑑賞〕　174

実践16　なりきりマグリット〔第3学年／鑑賞〕　178

実践17　北斎になる〔第2学年／鑑賞〕　182

実践18　わたしの阿修羅〔第3学年／(表現)鑑賞〕　186

実践19　1964東京オリンピックポスターの鑑賞〔第2・3学年／鑑賞〕　191

実践20　「風神雷神図屏風」を鑑賞し，日本の美術のよさや美しさを味わおう〔第2・3学年／鑑賞〕　195

第6章　社会とつながる美術の授業

第1節　社会に発信する美術活動 ··· 200
Q 新学習指導要領では，美術活動を学校内に閉じることなく，社会に発信することを求めていると聞きます。その考え方・進め方について教えてください。　200

　　1　生活の中の美術文化　200
　　2　コミュニケーションと相互理解　201
　　3　写真表現による感性の交流　202
　　4　表現意図による技法，材料などの選択　203

第2節　美術館などとの連携 ··· 205
Q 美術館，博物館等との連携をどう図り，美術科の学びを充実させ，将来にわたる心豊かな生活の創造につなげていけばよいですか。　205

　　1　美術文化を楽しむ人生　205
　　2　日常生活と美術館　206
　　3　美術館の敷居を低くする体験　207
　　4　美術館を心豊かに楽しむ　208

資料：中学校学習指導要領（平成29年3月）〔抜粋〕　211
編者・執筆者一覧

第1章

学習指導要領改訂の背景と
基本的な考え方

第1節
現行学習指導要領の成果と課題

Q 現行学習指導要領（平成20年告示）の中学校美術科における成果と課題とは，どのようなものですか。

1 学習指導要領の意義と授業の実態

　我が国の学校教育において学習指導要領は，学校教育の大綱を示すとともに，各学校が編成する教育課程の基準として重要な意味をもっている。日本全国の学校が教育課程を編成するに当たって基準とするこの学習指導要領があるため，我が国の学校教育は共通した理念と均質な内容で展開実施されることができる。

　しかしながら現実はどうであろうか。私が40年以上，中学校を中心とした造形美術教育に関わってきた実感からは，学習指導要領が変わっても授業が変わらないことがしばしばあり，学習指導要領に基づいた指導を意識すらしていないような授業がかなりの割合で見受けられる。

　本書を手にされる方々は，学習指導要領の改訂に伴い，どのようにして教育課程，特に美術の授業を工夫改善し，学習者の資質や能力を高め，豊かな情操を育むかを考えているのであろうと推察できるが，前述のような現実も依然としてあることを認識していただきたい。

　本書は，学習指導要領の趣旨を理解し，学習者のどのような資質や能力を高めるのかを明確に意識した適切な学習活動を行うために，具

体的な実践事例を豊富に紹介することによって指導者の授業改善に資することを目的としている。

　全国各地の学校において，適切な教育課程が編成・実施され，生活や社会の中の美術や美術文化と豊かに関わる資質・能力をもった子供たちを育成するための魅力的な授業実践を行うことこそ，教育者として必要なことだと考える。

2　教科書を指針とした授業の展開

　学習指導要領の趣旨やそこに示された内容を授業を通して学習するためには，教科書の適切な活用こそが確実な方法である。長いこと美術担当の指導主事をしてきたが，教科書を使用しない美術の授業が多いことに驚いた。近年ではいくぶん改善されつつあるが，教師のこれまでの経験だけで授業を行っていると学習指導要領の趣旨や内容を具現化するような学習を実現するのは難しいことが多い。

　現在使用されている日本の中学校「美術」の教科書は，各社ともよく工夫された素晴らしいものである。過日，モンゴル国の教育関係者に日本の美術教育に関するレクチャーをする機会があり，学習指導要領と教科書を使用して説明を行った。通訳を含めて10名ほどの教育視察団であったが，約3時間，熱心に質問し，日本の美術教育を自国の教育に導入したいという意欲が強く感じられた。

　視察団が特に注目した点は，学習指導要領の趣旨や内容を具現化するために，美しく編集された教科書の質の高さであった。「この素晴らしい教科書を義務教育の教材として無償で配布しているとは信じられない」といった内容を口々に語っていた。

　「美術」という教科は，教科書のページを追いながら順に学習する教科ではない。しかし，ここに凝縮された内容は，学習指導要領をしっかりと読み込み，その趣旨や内容を熟知した専門性の高い指導者

が執筆・編集し，文部科学省の検定を受けたものである。全国の学校で学習の指針となる主たる教材として授業を展開してほしいと願っている。

中央教育審議会の答申を手掛かりとして，現行学習指導要領による中学校美術の学習状況を分析しながら，その現状と課題について考えてみたい。

3　現行学習指導要領に見られる指導の成果

中央教育審議会の答申では，現行学習指導要領の成果と課題について述べている。成果については，このような成果があったと明快に示すのではなく，「充実を図ってきたところである」と述べている。

答申では，中学校美術を小学校図画工作，高等学校芸術（美術，工芸）と同種の教科として合わせた上で成果を次のように表記している。

> ○　図画工作科，美術科，芸術科（美術，工芸）においては，創造することの楽しさを感じるとともに，思考・判断し表現するなどの造形的な創造活動の基礎的な能力を育てること，生活の中の造形や美術の働き，美術文化に関心を持って，生涯にわたり主体的に関わっていく態度を育むこと等に重点を置いて，その充実を図ってきたところである。

これらのことは，指導の成果としてどの学習者に対しても当てはまるものではないが，学習指導要領の趣旨や内容が浸透していることへの手応えとして肯定的な記述がされたものと考えられる。

中央教育審議会の中では，教育課程部会の20名程度の識者が芸術ワーキンググループとして議論を重ねてきたが，メンバーは，美術教

育関係者だけではなく，音楽や書道関係者なども含まれ，広く芸術教育についての議論となっている。

本章では，中央教育審議会の答申と芸術ワーキンググループでの意見を参考にしながらも，私が中学校や大学の教育現場で感じた現行学習指導要領の下での美術教育に関する成果について述べたいと思う。

答申では，成果として次のような内容を述べている。

(1) 創造することの楽しさを感じるとともに，思考・判断し表現するなどの造形的な創造活動の基礎的な能力を育てること

自らの思いを基に創造する楽しさを味わうことは，現行学習指導要領の目標として「美術の創造活動の喜びを味わい美術を愛好する心情を育てる」と明記されており，その目標を達成するための学習が行われてきた。これまで多くの学校で見られた知識としての色相環づくりや鉛筆による明度段階の表現などは減少し，自己表現につながり達成感のある題材が取り上げられるようになったことは成果と考えられる。学習の過程で創造活動の基礎的な能力が主体的に学ぶ意欲や感性などと相まって，形や色彩などの造形的特徴やイメージなどと関わりながら学びにつながることが重視されるようになってきた。

(2) 生活の中の造形や美術の働き，美術文化に関心を持って，生涯にわたり主体的に関わっていく態度を育むこと

美術を実生活とは遠い存在の高尚で貴重なものとして学ぶのではなく，日々の生活の中で身近に感じ楽しむものとしての考え方が普及し，それぞれの学校で行われる授業でも自分自身の思いを表現したり身の回りのデザインや環境との関わりなどが扱われるようになってきた。

美術文化への関心や関わりについても，著名な作家の作品や仏像等が鑑賞の中心であったものが，生活に密着した親しみやすい作品へと広がりを見せるようになってきた。地域の美術館等との連携も少しずつではあるが模索され始めている。

生涯にわたって主体的に美術と関わっていこうとする態度を育むことの成果は，長い時間をかけて検証されるべき事柄ではあるが，楽しみながら造形的な自己表現をし，自分なりの達成感をもつ体験を重ねることで身に付いていくものと考えられる。
　ここまで述べた現行学習指導要領の成果については，必ずしも全ての学校で見られるものではないが，少しずつ浸透しつつある成果として認識し，これからもさらに充実させたい内容である。

4　現行学習指導要領に残された課題

　一方，課題については，「更なる充実が求められるところである」と今後一層改善を図るべき課題として明確にして，次のように述べている。

○　一方で，感性や想像力等を豊かに働かせて，思考・判断し，表現したり鑑賞したりするなどの資質・能力を相互に関連させながら育成することや，生活を美しく豊かにする造形や美術の働き，美術文化についての実践的な理解を深め，生活や社会と豊かに関わる態度を育成すること等については，更なる充実が求められる。

○　今回の学習指導要領の改訂においては，これまでの成果を踏まえ，これらの課題に適切に対応できるよう改善を図っていくことが必要である。

---

(1)　感性や想像力等を豊かに働かせて，思考・判断し，表現したり鑑賞したりするなどの資質・能力を相互に関連させながら育成すること

　「感性や想像力等を豊かに働かせて，思考・判断し」という部分については，生徒の主体的な思考・判断を重視している。これまでの学

習においても生徒は様々な思考や判断を繰り返して表現や鑑賞をしているわけであるが，その基となるものは知識理解が中心となることが多かった。その知識理解の基となるのは主として教師の指導であったり作例などの鑑賞資料であることが考えられる。生徒は，学習のねらいや完成のイメージを教師の指導や参考作例を基に思考・判断し，学習していた。

　しかし，ここで言う「感性や想像力等を豊かに働かせ」とは，生徒自身が感じ，想像したり分析したりすることである。こういった主体性は，これまでも求められてはいたが，現行学習指導要領では一層明確な表現で重視されている。それは，現行学習指導要領で初めて登場した〔共通事項〕によく表れている。中学校学習指導要領「美術」は，第１学年と第２学年及び第３学年の二つに分けて示されているが，〔共通事項〕は全学年とも同じで，次のような表記である。

---

(1)　「Ａ表現」「Ｂ鑑賞」の指導を通して，次の事項を指導する。
　ア　形や色彩，材料，光などの性質や，それらがもたらす感情を理解すること。
　イ　形や色彩の特徴などを基に，対象のイメージをとらえること。

　文字として書かれてはいないが，これらの主語に当たるのは「自分で」である。美術の学習全てにおいて，造形のもつ性質や感情を自分で感じ，その特徴などを基に自分でイメージし，捉えなさいということをはっきりと打ち出した点が現行学習指導要領の特徴であった。

　中央教育審議会の答申では，今後さらなる充実が求められる課題として，自らの感性や想像力を働かせることを挙げているが，この方向性は中学校のみならず，小学校図画工作や高等学校芸術（美術，工芸）においても同様に重視されており，これらの教科の生命線とも言

えるものである。

(2) 表現したり鑑賞したりするなどの資質・能力を相互に関連させながら育成すること

　学習指導要領において美術の学習内容は「表現」と「鑑賞」に分けて示されているが，この二つは本来相互に関連し合って学ぶもので，どちらを主眼とした学習であるかによって分類されることはあっても互いに無関係ではない。

　表現の学習で，発想構想から作品の完成に至るそれぞれの過程で，自身の作品を客観的に見直し，次の表現につなげるようなことは，日常的に行われていることであり，こうした形成的な自己評価はまさに鑑賞の活動と言える。また，彫刻などの作品をスケッチしたりデッサンしたりする学習は，鑑賞としての要素も強く，模写の学習などは鑑賞とも表現とも言えるものである。

　このような様々な学習場面で，教師が表現と鑑賞の視点を明確にし，生徒に意識させることにより，相互の学びが関連付けられ，深い学びへと発展することが多い。

(3) 生活を美しく豊かにする造形や美術の働き，美術文化についての実感的な理解を深めること

　この場合の「生活」とは，主として自分自身の生活だろう。身の回りの個人的な生活に限定する必要はないが，「美しく豊かにする」具体的な例として個人生活の衣食住の場面を考えてみたい。

　多くの人が美しく魅力的に装いたいと考えている。その魅力的の基準や価値観は様々ではあっても，その人なりのおしゃれをすることによって心豊かな生活を目指している。中学生の時期は，身体が成長し，大人への変化が激しい時期だけに容姿に関する関心が高く，スタイルやファッションに対する様々な希望や自信，あるいはコンプレックスなどを感じていることが多い。親や周囲から与えられる服だけでは満足せず，自身の服装に自分なりのこだわりを示したりするように

なったりする年齢である。このようなこだわりや美に対する願望は，感性を高め審美眼を養うことへとつながっていく。

　食の面では，味覚が中心になるため直接的には造形要素は少ないが，料理やお菓子，盛り付ける食器や様々なテーブルウェア等のいろどりの美しさ，食品のパッケージなどは美しさと関わりがある。

　住生活においては，住まいの設計や内外装，特に中学生には身近な例えば，文房具，勉強部屋のカーテンやベッドカバー，自転車などの生活用品のデザインなどで関わりがある。気に入ったものを選び使いたいという欲求やそのことによりもたらされる豊かな感情は，まさに「生活を美しく豊かにする造形や美術の働き」である。このような感情と教科としての美術の活動を結び付けることによって「美術文化についての実感的理解」を深めるような学習が一層重要になってくる。

(4)　生活や社会と豊かに関わる態度を育成すること

　この場合の「生活や社会」は，自分自身の個人的な生活というよりは「社会生活」という意味合いが強いだろう。交通インフラや社会生活に必要なサインやシンボルなど，心豊かに暮らすための社会としてのデザインに関心をもち接する態度を育成することを目指している。生活場面としての街の秩序や統一感，自然との調和などの様々な造形要素に関心をもち，大切に関わろうとする気持ちや態度を高めることができるような学習を実現しなくてはならない。

　ここまで現行学習指導要領の成果と課題について述べてきたが，中央教育審議会の答申として挙げられた成果や課題は，生徒にどのような作品を作ることができたか，どのような美術作品を鑑賞しどのような知識が身に付いたかを述べたものではない。一人の人間として，豊かに社会生活を送れるような人格の完成を目指し，美術の学習を通してどのような能力や態度を育てようとしてきたか，どのようなことを課題として改善を図るべきかが述べられている。

ともすると，どのような作品を作らせたかや，どのような美術に関する知識を理解させたかを美術の学習の成果として考え，どのような美術の表現力や鑑賞の力を付けることが課題なのかを考えがちである。しかし，美術の学習は，どのような美術的表現力が付くかや作品鑑賞の知識が付くかが主眼ではなく，美術の学びを通して自分を大切にし，社会の中で心豊かに生きられる資質や能力，態度などを育成するためになされなくてはならない。

　現行学習指導要領の成果と課題をそれぞれの指導者が，その実態に合わせて考え，その上で新たな教育課程を編成する必要がある。

第2節 中学校美術科の指導を通して育てたい資質・能力

> **Q** 中学校美術科の指導を通して子供たちに育てたい資質・能力とは,どのようなものですか。

1 科学と芸術の違いと意義

　中学校美術科の指導を通して育てたい資質・能力を考えるに当たり,美術はなぜ必要なのかについて考えてみたい。

　文明と文化という言葉がある。類似している言葉ではあるが,あえてその違いについて考えるとき,科学と芸術の違いに近いものを感じる。文明という項目を『広辞苑』(岩波書店)で引くと,次のように書かれている。「宗教・道徳・学芸などの精神的所産としての狭義の文化に対し,人間の技術的・物質的所産」。つまり,文化や文明によって生産手段が発達し,生活水準が上がり,人権が尊重された近代社会が形成された中で,技術的・物質的な面を主として担っているのが科学を基盤とした文明,精神的所産としての宗教・道徳・学芸などを主として担っているのが文化ということになる。

　文明社会の発展を目指して生活水準の向上を続けている人々にとって科学は必要不可欠のものであることは疑いのない事実である。一方で芸術はどうだろうか。科学の役割に比べて芸術の果たす役割は目に見えるような形で説明できるようなものではない。

　人間が描いた絵で最古のものは,およそ3万2千年前に描かれたと

第1章　学習指導要領改訂の背景と基本的な考え方

写真1　シューヴェ洞窟壁画

写真2　縄文土器

推定されているシューヴェ（フランス）の洞窟壁画（写真1）である。

　2014年に世界遺産に指定されたこの壁画は，これまでに約260点の動物画が発見されており，ウマ，ウシ，サイ，ライオン，フクロウなどがまるで作品のエスキースであるかのように描かれている。

　我が国の歴史にも芸術の痕跡が数多く存在する。美術の教科書にも取り上げられている縄文土器（写真2）の力強くダイナミックな加飾は何のためのものだろうか。実用的な機能としての意味もあるかもしれないが，それ以上に人間が太古の時代から造形表現をしていたことの証であり，いわゆる芸術性を求めることは，人間が本能的にもって生まれた特徴と言えるのではないかと思われる。

2　「自分」を深く見つめ，感じる大切さ

　人間はなぜ絵を描くのだろうか。人間以外にも，生きるために道具を使う動物はいる。しかし，道具の機能とは別に加飾したり，ましては創造的な絵を描いたりする動物はいない。

　京都大学霊長類研究所の研究では，チンパンジーも絵を描くことが明らかにされたが，模倣や繰り返しのような表現であり，人間が描く

創造的な意図をもった絵とは明らかな違いが見られた。このような事実も興味深いが，ここでは，人間がなぜ絵を描くのかというテーマから離れ，造形的表現が人間の生活にどのような意味をもっているかについて考えてみたい。

中央教育審議会の答申の中で，今後さらなる充実が求められるとされた「感性や想像力等を豊かに働かせて，思考・判断し，表現したり鑑賞したりするなどの資質・能力」は，人間独自の特性とも言える資質・能力なのである。

現在学校教育の中で行われている教科は，科学的な体系を細分化し，適切な解を導き出すための学習が中心である。大雑把に科学と芸術に分けると科学に中心が置かれており，それによって文明が日々進歩していると言える。

しかし，科学と同様，芸術も人間が人間として生きていく上で重要な意味をもっている。

中学生の教科学習に対する意識調査を見ると，美術は楽しいと答える生徒が多いものの将来に役立つという意識は低いという傾向が見られる。その理由を私なりに考察してみた。

美術は，科学のように一つの真実を追求する教科と違い，たくさんの「正解」がある教科である。知識を得たり考えることによって一つの正解に到達する教科とは達成感の質が異なっている。「分かった」「できるようになった」という中学生なりの自己肯定感がもちにくいのではないだろうか。また，美術関係の進路に進まない限り，様々な選考の過程で美術的な筆記試験が実施されることが考えにくいことも理由の一つであると思う。

しかし，様々な事象の事実を追求し，理解する学習と同様に，自分の内面を見つめ自分自身を形成していくための学習も，極めて重要なものである。

私たちは，日常生活の中で自ら様々な判断をし，行動している。し

かし、社会生活を営んでいる以上その全てが自分で感じ、自分で判断した行動とは言えない。社会的慣習や周囲とのバランスの中で思考・判断をすることが多く、社会生活の中ではそれが求められている。

「美術」の学習に求められているのは、「自分」を深く見つめ、感じる力である。このことを端的に示しているのが〔共通事項〕である。新学習指導要領では、〔共通事項〕にこのように示されている。

> (1) 「A表現」及び「B鑑賞」の指導を通して、次の事項を身に付けることができるよう指導する。
>   ア　形や色彩、材料、光などの性質や、それらが感情にもたらす効果などを理解すること。
>   イ　造形的な特徴などを基に、全体のイメージや作風などで捉えることを理解すること。

ア、イともに、自分の感性で主体的に理解するようにという意味である。

その意図は、小学校図画工作の〔共通事項〕を見ると一層よく分かる。今回の学習指導要領改訂の基となった中央教育審議会答申では、小学校図画工作、中学校美術、高等学校芸術（美術、工芸）を校種の違いこそあれ同一の教科として示されており、〔共通事項〕の趣旨も同じである。これらの教科を通して、どのような事項を指導するかを示した〔共通事項〕で自分の感性やイメージで主体的に理解する力を身に付けさせるような指導を求めていることが図画工作の〔共通事項〕には、端的に示されている。では、どのように示されているかを見てみたい。

図画工作の学習指導要領は、〔第1学年及び第2学年〕〔第3学年及び第4学年〕〔第5学年及び第6学年〕の三つの段階にまとめて示されており、〔共通事項〕もそれぞれ段階に応じた表現となっている。

> 〔第1学年及び第2学年〕
> ア　自分の感覚や行為を通して,形や色などに気付くこと。
> イ　形や色などを基に,自分のイメージをもつこと。
> 〔第3学年及び第4学年〕
> ア　自分の感覚や行為を通して,形や色などの感じが分かること。
> イ　形や色などの感じを基に,自分のイメージをもつこと。
> 〔第5学年及び第6学年〕
> ア　自分の感覚や行為を通して,形や色などの造形的な特徴を理解すること。
> イ　形や色などの造形的な特徴を基に,自分のイメージをもつこと。

　このように,自分の感性やイメージで主体的に理解する力を身に付けさせるような指導を求めていることが端的に示されている。この教科は,小学校から一貫して「自分」を深く見つめ,自分自身で感じる力の育成を大切にしているのである。

3　美術を学ぶことで育つ資質・能力

　小学校図画工作から〔共通事項〕を通して見ることにより,この教科が一貫して「自分」を深く見つめ,自分自身で感じる力の育成を大切にしている教科であることを述べてきた。次に,このことを基盤として,美術を学ぶことによってどのような資質・能力が育つのかについて考えてみたい。
　中央教育審議会では,中学校美術を通して育成を目指す資質・能力を①知識・技能,②思考力・判断力・表現力等,③学びに向かう力・人間性等の三つの柱で図1のように整理している。
　この三つの柱は,別々に分けて育成したり,「知識・技能」を習得

	知識・技能	思考力・判断力・表現力等	学びに向かう力・人間性等
中学校美術	・対象や事象を捉える造形的な視点について実感的に理解を深めること　　など ・感性や造形感覚を働かせて，材料や用具を生かし，表現方法を工夫して，創造的に表すこと　　など	・感性や想像力を働かせて，造形的な視点で対象や事象を捉え，造形的なよさや美しさ，意図と表現の工夫などについて考え，豊かに発想し，創造的な表現の構想を練ること　　など ・感性や想像力を働かせて，造形的な視点で対象や事象を捉え，造形的なよさや美しさ，意図と表現の工夫などについて考え，美術や美術文化などについて自分の見方や感じ方を深め，味わうこと　　など	・様々な対象や事象からよさや美しさなどの価値や心情などを感じ取る感性 ・美術の創造活動の喜び ・美術の創造活動に主体的に取り組む態度 ・美術を愛好する心情 ・形や色彩などによるコミュニケーションを通して，生活や社会と主体的に関わる態度 ・美術文化の継承と創造への関心 ・美しいものや優れたものに接して感動する，情感豊かな心としての情操　　など

下線部は，現行の学習指導要領に示している〔共通事項〕と関連する箇所

図1　中学校美術科において育成を目指す資質・能力の整理

してから「思考力・判断力・表現力等」を身に付けるといった順序性をもって育成するものではなく，相互に関連し合いながら一体となって働くことが重要であると述べている。

　また，「知識」については，主体的に考え，自分なりに理解し，表現や鑑賞の喜びにつながっていくものであることが重要であり，知識が，体を動かす活動なども含むような学習過程を通して個別の感じ方や考え方に応じ，「生きて働く概念」として習得されることや，学習体験により更新されていくことが重要であると述べられている。その上で〔共通事項〕を学習の支えとして，形や色などの働きについて実感を伴いながら理解して表現や鑑賞に生かすことができるようにすることや芸術に関する歴史や文化的意義を，表現や鑑賞の活動を通して，自己との関わりの中で理解することが重要であると述べられている。

さらに、「技能」についても、一定の手順や段階を追って身に付く個別の技能のみならず、変化する状況や課題に応じて主体的に活用できる技能として習熟・熟達していくことが重要だと述べている。

このような答申を基に、中学生の実態や中学校美術の授業を想定しながら美術を学ぶことによって育つと考えられる資質・能力について考えてみたい。

(1) 自分の見方や感じ方で味わう力

私が美術を専門としているせいか、時々「私は絵が分かりません」「どういう絵がいい絵なんですか」と言われることがある。難しい質問である。客観的に見て「いい絵」というのは確かにあると思う。しかし、その絵を誰もが好きだとは限らない。また、一方で「自分が好きだと思う絵が一番いい絵だ」という意見もよく聞く。極論すればそのとおりで、好き嫌いは個人的な感覚や感情なので、他人が口をはさめない事実であろう。

芸術と科学について前述した中で、芸術にはたくさんの正解があることを述べた。「いい絵」についてもたくさんの答えがあり、有名な絵や高価な絵、貴重な絵などのように言われることはあるが、世の中に「いい絵」という定義があるわけではない。自分にとってのいい絵とは、自分が自分自身の感性で感じ取りながら味わい、自分自身の変容とともに感じ方も変化していくものである。

美術の学習では、形や色彩などの造形要素を自分で感じ、自分でイメージしながら表現や鑑賞の活動をすることが求められている。授業を通して自分の感覚で作品や事象を捉え、自分のイメージに合わせて表現しようとする意識や自分の感じたよさや美しさを説明できるような学習を促すことによって自分の見方や感じ方で主体的に味わう資質・能力が育っていく。

(2) 創造的に発想し構想する力

「1 + 1 = 2」のように、数学としてのルールに基づいて正しい解

を導き出したり，一つの事実を基に新しい事実を推論するような科学的な思考とともに，人間は，「ひらめく」「思いつく」のような表現で言い表される「決まった道筋ではない考え」をすることができる。これまでの経験や感受した感覚などを基に新しいことを考える力である。「創造的に発想し構想する力」とは，そのような力で，コンピュータとは違った能力だろう。

　目で見たり，触覚や嗅覚で感じたりしながら，自分の意志で進行する形や色彩の変化を追求する造形表現は，創造的に発想し構想する活動の連続である。

　現行の学習指導要領では，表現を「(1)感じ取ったことや考えたことなどを基に，絵や彫刻などに表現する活動」と「(2)伝える，使うなどの目的や機能を考え，デザインや工芸などに表現する活動」とに分けて示し，主として(1)で「創造的に発想し構想する力」の育成を目指してきたが，今回の改訂では，(1)の絵や彫刻などと(2)のデザインと工芸などに分けて示してはいない。かつて表現は，「絵画」「彫刻（彫塑）」「デザイン」「工芸」の分野に分けて示されていたことを考えると，美術における表現をより一体的に柔軟に捉えようとする意図が読み取れる。目的や機能を考えて表現するデザインや工芸などでも自分なりの考えや感じ方を重視し，創造的に発想し構想する力を育成しようとするねらいが感じられる。

　このような力を伸ばすためには，特に発想する段階で自分の感じ方や考えを生かし，アイデアスケッチなどを通して構想を練り上げる時間を大切にしたり，考えを整理するために言語活動などを取り入れ，話し合い活動や文章による表現を通して自分なりの表現主題を整理する学習をすることなども工夫したい。

(3) 自分の考えで行動する力

　美術の表現や鑑賞の活動では，自分で決める場面が数多くある。これは非常に重要なことで，生徒一人一人が「自分で決めている」とい

うことを自覚できる場面がたくさんある授業がよい授業だと言える。

　学習の多くは，必要な知識を身に付け，客観的に正しい答えを正確に，しかもできるだけ早く出すことを目指している。言うまでもなくこういった学習も大切である。長い人間の歴史の中で，このような目標の下に積み上げられてきた学問の体系は文明社会の礎となっている。

　人間は学校教育に限らず，日々の生活の中での社会的な学びを通して社会の中で自立し尊重し合って生活するための学習をしている。そこには「法」があり，「道徳」がありこれまで積み上げられた知識や技術がある。これらを習得することは，社会に適応し豊かな社会を形成する人を育てることになり，「心身ともに健康な国民の育成を期して行われなければならない」という教育基本法に謳われた教育の目的にも合致している。

　しかし，人間は一人一人が多様な個性をもった個人である。社会に適応しながらも個人として自分に対して自己肯定感をもち，自由に行動することも大切である。本節の冒頭，「科学と芸術の違いと意義」でも述べたように，人間は太古の昔から造形表現をしてきた。それはおそらく人間としての本能に近い行動であり，自己肯定や自己認識につながる大切な欲求なのではないだろうか。人間は個性を認め合い尊重し合ってこそ，本当の文化的生活を営むことができるのだろう。

　少し横道にそれたが，「自分の考えで行動する力」を育てるためには，自分の考えで行動していることを自覚しながら行動できるような学習場面が必要である。

　学校教育の中には，このような場面が様々あるが，教科として見たとき，「美術」は，自分の考えで行動していることを自覚しながら行動できるような学習場面が最も多い教科ではないだろうか。絵の具を使って絵を描くというこの教科の代表的な学習を例にとってみても，どのような主題で描くか，どのような技法や材料で描くかなどはもち

ろんのこと，パレットで混色し，筆のタッチを無意識のうちに加減したりする行動の一つ一つが自分だけの考えや決定で進行する活動である。自分のイメージに近づけようとしながらも描画の進行に従って自分のイメージ自体が変化していくこともある。無数の選択や決定の場面は「自分の考えで行動する力」を育てることになっている。

(4) 自分らしさを見つける力

「自分らしさ」を見つけ，個性を自覚することは意外と難しい。外見や行動特性のように分かりやすい個性もあるが，実感として「自分らしさ」を感じる機会はそれほど多くはないだろう。

一般に「個性」とか「個性的」というと，多くの人と少し違った，平均的なものや標準的なものから少し外れた特性を考えがちである。しかし，「自分らしさ」は目立った特性があるとは限らず，むしろ平凡と感じることも多い。このような自分の内面と向き合い，意識することは，悲しいとき，さびしいとき，困難に直面し迷ったときなどマイナスの心理状態にあることが多いのではないだろうか。

「造形活動をする」「詩や随筆を書く」といった活動は，平常の心理状態かむしろ高揚した心理状態で自分と向き合う活動である。教師として美術の指導をしていると，生徒の個性が表現技術の巧拙を超えて伝わってくることを実感できる。題材が変わっても生徒ごとに作品を並べてみると，いかにもその生徒らしさがにじみ出ていると感じた経験は多くの教師がもっていると思う。

この「らしさ」は，個性が形や色彩で表出したものである。作品の中からその生徒らしさを認め，肯定的に評価することにより生徒自身の自己肯定感が高まるのである。生徒の自己決定を尊重し，自由な発想や表現の工夫などを促しながら造形表現できる環境をつくり，意欲的に学ばせることによって「自分らしさを見つける力」とともに自己肯定感が育っていく。

(5) 変化する状況や課題に主体的に対応する力

　美術の表現活動の場面を共通にイメージしやすくするために，水彩絵の具を使って校庭の樹を描く題材を例に考えてみたい。

　「校庭にある多くの樹の中で，描いてみたいと思う樹を探して水彩画に表現する」といった題材を生徒に示し，新緑の美しい季節，スケッチブックに3週間の予定で制作させた。

　1人の生徒の制作過程を追ってみたい。校庭で一番背の高い欅の木を選び，その生命感あふれる力強さを主題として描こうとしたAさんは，1週目に鉛筆で下描きをし，力強く太い幹と空に向かう枝をかなりの完成度まで描きこんだ。2週目には，色の重なりの美しさをねらいながら枝の下描きを生かせるような淡彩で制作を進めた。3週目になると若葉は緑濃く成長し，細かな枝はほとんど見えなくなっていたが，生徒は鉛筆の線を生かし，その周りに緑の葉を点描することにより木の生命観を表現できたと満足気であった。

　この制作過程を振り返ってみると，様々な変化に対応して自らの主題を表現しようとしていることが分かる。

　まず，Aさんは，欅の大樹を見つけ，その堂々とした姿にあふれる力強い生命感を表現したいと思ったのだろう。主体的な主題選択である。太い幹の不思議な模様や空に食い込むような枝の形を表現するには鉛筆でしっかりとデッサンする方法がよいと思いつき，下描きをしっかりすることを選んだ。

　2週目には，鉛筆の線を生かすために，淡い色の重なりで幹や枝，新芽の黄緑色を表現する方法を選択した。しかし，予想していなかったことが3週目に起きた。葉が成長し緑も濃く，枝がほとんど見えなくなってしまったのである。そこでAさんは，目の前にある緑の葉が茂った欅を枝の形を生かしながら緑の葉を点描で描くことで欅の生命観を表現することにしたのである。

　このように大きな状況の変化に対する対応だけでなく，一つの作品

を完成させるまでには数多くの状況の変化があり，そのつど，自ら感じ，考え，判断することが求められる。一筆一筆が自己決定の連続だと言うことができるのである。

(6) 生活の中の美術を大切にする態度

美術を学ぶことで育つ資質・能力として態度面についても資質の一つとして挙げておきたい。

この態度は，育成を目指す資質・能力の三つの柱のうち，「学びに向かう力・人間性等」として示されている。中央教育審議会では，次のように整理されている。

> ・様々な対象や事象からよさや美しさなどの価値や心情などを感じ取る感性。
> ・美術の創造活動の喜び。
> ・美術の創造活動に主体的に取り組む態度。
> ・美術を愛好する心情。
> ・形や色彩などによるコミュニケーションを通して，生活や社会と主体的に関わる態度。
> ・美術文化の継承と創造への関心。
> ・美しいものや優れたものに接して感動する，情感豊かな心としての情操。　　など

こういった資質が大切であることは，現行の学習指導要領はもとよりそれ以前からも指摘されていたことである。今回の改訂で強調されている点は，生活を美しく豊かにする造形や美術の働き，美術文化についての実感的な理解を深め，生活や社会と豊かに関わる態度の一層の充実を求めている点にある。

第2学年及び第3学年の2内容，B鑑賞の項を比較すると，現行では，「日本の美術の概括的な変遷や作品の特質を調べたり，それらの

作品を鑑賞したりして，日本の美術や伝統と文化に対する理解と愛情を深めるとともに……（後略）」と示されているが，改訂では，「日本の美術作品や受け継がれてきた表現の特質などから，伝統や文化のよさや美しさを感じ取り愛情を深めるとともに……（後略）」となっており，概括的な変遷という言葉は，新設された「内容の取扱い」に移り，「各時代における作品の特質，人々の感じ方や考え方，願いなどを感じ取ることができるよう配慮すること」と踏み込んで示されている。

　現行の教科書では，第２学年及び第３学年に日本美術を中心とした年表が掲載され，「日本の美術の概括的な変遷」が学べるようになっているが，今回の改訂ではこうした美術に関する知識理解が，より実感を伴って理解することが求められ，そのことが表現したり鑑賞する喜びにつながっていくものであることが求められている。

　日本や諸外国の美術や美術文化の鑑賞を通して，「美術文化の継承と創造への関心を高めること」から「美術文化の継承と創造について考えるなどして，見方や感じ方を深めること」に変わっていることからも「実感的な理解」「自分としての理解」をキーワードとして捉え，生活の中の美術や美術文化を大切にする態度の育成を図ろうとしている。

第3節
中学校美術科における「主体的・対話的で深い学び」

Q 中学校美術科における「主体的・対話的で深い学び」をどのように捉えればよいですか。

1 主体的な学びの必要性

　新学習指導要領では，第1章総則の中で，「主体的・対話的で深い学び」の実現に向けた授業改善について，
　○知識及び技能が習得されるようにすること
　○思考力，判断力，表現力等を育成すること
　○学びに向かう力，人間性を涵養すること
という学びの三本柱が偏りなく実現されるよう，単元や題材など内容や時間のまとまりを見通しながら，生徒の主体的・対話的で深い学びの実現に向けた授業改善を行うよう記されている。
　これは総則に示されているので，美術に限らず学校教育全体，中でも教科の授業を通して授業改善を求めているのである。
　主体的な学びとは，言うまでもなく自分で学ぶということで，受け身となって教えてもらったことを記憶したり習得するといった学びとは違う。しかし，ただ自分だけで調べたり考えたりすればよいというわけではなく，授業を通して正しい知識や技能を教えられ，それを生かしながら思考し，判断し，表現する授業場面を通して自分自身の学びたいという意志や意欲に支えられながら思考力，判断力，表現力等を

伸ばしていくことが求められている。

　特に今回の学習指導要領では，「学びに向かう力」「人間性の涵養」などが重視されており，主体的な学びの基盤ともなっている。

　自分から進んで学ぶためには「学びたい」「知りたい」「できるようになりたい」といった興味・関心や意欲がなければならない。もちろん「成績を上げたい」「受験に合格したい」「人からほめられたい」といった理由が学習の動機となることもあるが，こういった気持ちは，その時期が過ぎればなくなってしまうもので，自らの興味・関心や意欲に裏付けされた「学びに向かう力」とは異質なものである。

　「学びに向かう力」や学ぶことによって自らの成長を目指そうとする人間性は，継続的に学び続ける原動力となる。

　人は誰も学校時代に学び習得したことだけを使って生き続けることは難しい。特に現代社会では様々な変化への対応が求められ，日々新たに学び続けることが不可欠である。そして，そのような新しい学びは自ら学ぼうとする意欲や正しい情報を自分の力で得る技術などによって可能となるのである。学校教育においては，こうした主体的な学びを自力で継続できるような資質や能力，あるいは習慣などをしっかりと身に付けさせる必要がある。

　中央教育審議会答申では，図画工作，美術，芸術（美術，工芸）の中で，学習・指導の改善充実や教育環境の充実等として「主体的・対話的で深い学び」の実現として次のように述べている。

○　従来，図画工作科，美術科，芸術科（美術，工芸）においては，心と体を使って触れたり感じたりする体験や，人との関わりを通してよさや価値を実感する活動を重視してきた。今後，アクティブ・ラーニングの視点に立ち，活動と学びの関係性や，活動を通して何が身に付いたのかという観点から，学習・

> 指導の改善・充実を進めることが求められる。

　これを受けて，高等学校芸術科（美術Ⅰ，工芸Ⅰ）を例に，「主体的な学び」「対話的な学び」「深い学び」のそれぞれの実現に向けての視点が示されている。このような学びの場面は，高等学校芸術科（美術Ⅰ，工芸Ⅰ）を例として述べることが，分かりやすいと考えたからであろう。

　本稿では，この高等学校芸術科（美術Ⅰ）の内容を引用しながらも，中学校美術の授業を念頭に具体的な授業の様子もイメージしながら考察してみたい。

2　「美術による学び」と主体性

　答申の中では，このように述べている。

> ○　「主体的な学び」の実現のためには，主題を生成したり構想をしたりする場面，創造的な技能を働かせる場面，鑑賞の場面のそれぞれにおいて，形や色彩などの造形の要素の働きなどに意識を向けて考えることや，対象や事象を造形的な視点で深く捉えることが必要である。加えて，自己の生成した主題や対象の見方や感じ方を大切にして，創造的に考えて表現したり鑑賞したりする学習の充実を図り，それらの学習を自ら振り返り次の学びにつなげていくことが重要である。

　中学生の主体性を育てるために，美術の学習はどのような役割を果たすのだろうか。まず最初に大切にしたいのは，授業での活動が「主体的な学び」となっているかという視点である。美術の時間であって

も，日本美術の概括的な変遷を学んだり，色彩の理論的な性質を学んだりする学習は，自らの思考や理解を深めるために必要なものであっても主体的な学びではない。「主体的な学び」とは，自らの表現しようとする主題を生成したり構想したりする場面や，表現のための創造的な技能を働かせる場面など，自己の見方や感じ方を大切にして創造的に考え表現したり鑑賞したりする学習である。

　各地で行われている美術の授業の中には，教師の示した道筋をただ「作業」のようにこなしているような授業もないわけではない。生徒は教師の話や参考として示された作例などから，どのようなものを作ればよいかという教師の意図を感じ取り，制作しているような授業も多く見られる。「先生，これでいいですか？」「先生，次はどうすればいいですか？」という質問に対して，教師は自身の指導を顧みる必要がある。生徒が静かに集中している。教師の思いどおりの作品が多い。そのような授業はむしろ要注意かもしれない。

　また，逆に「何でも自由に描きなさい」という授業が，主体的な学びにつながるとは限らない。日頃から描きたいものを自分なりにもっていて描く機会を待っていたような生徒はすぐに制作に向かえるだろうが，多くの生徒は描きたいものを思いつくのには時間がかかり，思いつかないまま意欲を失う生徒も多いだろう。仕方なく以前描いたことのあるテーマやいつも描いている得意なキャラクターを描いたとしても，それは主体的な表現とは言い難い。

　かつて日本の図画教育は，観察画や臨画（手本をまねて描く絵）が中心であった。子供たちの主体性を伸ばすことよりも正確に描くための技術習練が中心だったと言える。教師から与えられた課題をしっかりと表現することに集中する教室の雰囲気は統制感のある学びの場にふさわしかったのかもしれない。

　しかし，美術による学びの意義は描画力の習練ではない。自分の描きたいものをしっかりと納得のいくように描きたいと思う気持ちも理

解できるので，そのための技術的な指導をすることはあるが，自分の描きたい物やこと，イメージなどを自分で決めることができるようにする主体性をもった表現を引き出すことこそ重要である。

　一人一人の生徒の主体性をもった表現を引き出すには，生徒が表現したいと思うような主題の生成に向けた導入が必要となる。制作技法を説明したり，参考となる作例を示したりするのは，主体性をもった表現への意欲を高めるためであり，教師が求める作品の出口を示すものであってはならない。教師の導入は，生徒の主体的な表現活動のきっかけであり，動機付けなのである。このことの具体的な話は，この後実践事例の中でも詳しく述べていきたい。

　前節でも述べたが，美術はたくさんの「正解」がある教科である。自分の思いや求めるイメージを自分自身で決め，表現する美術の学びは生徒一人一人の主体性を育む学びとしての意味をもっており，義務教育に位置付けられている理由だと考える。

3　対話的な学びの意義

　「対話的な学び」の実現に向けた視点としてはこのように述べられている。

> ○　「対話的な学び」の実現のためには，表現や鑑賞の能力を育成する観点から，「造形的な見方・考え方」を働かせて，美術の創造活動の中で，形や色彩などの造形の要素の働きなどについて理解し，美術作品や互いの作品について批評し合い討論する機会を設け，自他の見方や感じ方の相違などを理解し，自分の見方や感じ方を広げるなどの言語活動を一層充実させることが重要である。

第3節　中学校美術科における「主体的・対話的で深い学び」

　これは，あくまで高等学校芸術科（美術Ⅰ）を例として述べているため討論など中学生にとってはやや難しい面もある。しかし，視点としての方向性は同じであり大切にしたいものである。中学生の美術に合わせて鑑賞の授業を例に考えてみたい。

　美術教育の世界に「対話型鑑賞」が広まってから久しい。アメリア・アレナスらによって美術館のギャラリートークから日本の学校にも広まったこの鑑賞法は，子供たちの主体的な鑑賞を実現させることができるとして全国的に広がりを見せているようである。

　これまで多くの中学校で行われていた美術鑑賞の授業は，国宝などの仏像や工芸品，教科書や大きな図版の絵画などを教師が一方的に解説し，その鑑賞の視点や美術的な価値を生徒が理解する形式が多かった。それでも授業として鑑賞のみの時間を設定している学校はよい方で，ほとんどの学校で鑑賞を中心とした授業が行われていないような実態があった。平成元年に告示された学習指導要領指導書（現解説）には，美術の授業のうち鑑賞のみの授業を少なくとも10分の1は実施するようにと明記されたのもそのような理由からだと考えられた。

　「対話型鑑賞」は，「何が描いてあるか」「あなたはどう感じるか（思うか）」「なぜそう感じたか（思ったか）」を中心にクラスやグループで対話しながら意見を重ねていく鑑賞法である。この方法のよい点は，一つ一つの質問が具体的で答えやすいため誰でも主体的に答えられること，自分とは違った見方をする友達の考えを知ることができること，そして，様々な考えを聞くことによって自分の見方や考え方が深まり変容していくことなどである。

　10年ほど前，東京郊外M市の中学校で行われた鑑賞の授業を例に対話的学びについて考えてみたい。教師は，拡大した作品のカラーコピーをスチレンボードにていねいに張り合わせた図版を生徒のよく見える位置に提示した。作品は，教科書にも大きく取り上げられていたアンドリュー・ワイエスの「クリスティーナの世界」（写真3）であ

写真3　アンドリュー・ワイエス「クリスティーナの世界」
Andrew Wyeth／Museum of Art, New York

る。授業の様子を思い出しながら生徒の学びを見てみたい。

T「何が描かれていますか？気付いたものを言ってみてください」
・「女の人」「家」「野原」「芝生かもしれない」「曇った空」
T「女の人は何をしているように見えますか？」
・「起き上がろうとしている」「昼寝から起きたみたい」「家に向かって何か叫んでいるみたい」「痩せている人だと思った」
T「家を見てどう感じましたか？」
・「2軒の家が遠くにある」「小さいのは物置かな？」「一番大きな家が彼女の家だと思う。彼女がそっちを見ているみたいだから」
・「家までの道がない」「家までは200メートルくらいありそう」
T「この絵からどんな物語を想像しますか？　それはなぜですか？」
・「さびしい夏の終わりみたい。草は枯れているけど女の人は半袖のワンピースだから」「ちょっと怖い感じ。空は灰色だし，女の人の腕は細くて骸骨みたい」「家に帰る途中で倒れてしまい，助けを呼んでも届かない悲しい感じ」

　ほとんど全員の生徒が思い思いに自分の感じたことを発言したりつぶやいたりしながら絵に対するイメージを膨らませていった。この学びは，クラスの友達と対話しながら進めたことによって，自分一人では気付かなかった発見があり，より深い学びとなった点に意味がある。答申を引用するなら，「自他の見方や感じ方の相違などを理解し，自分の見方や感じ方を広げるなどの言語活動を一層充実させることが重要である」という視点である。この後，教師が画家

アンドリュー・ワイエスとモデルとなった女性について次のような内容の説明を行った。
- 画家アンドリュー・ワイエスは，毎年夏になると避暑のためメーン州のこの家の２階を借りてアトリエにしていた。
- そこに住んでいるのがこの絵に描かれた女性で，名前をクリスティーナといった。彼女は小児麻痺が原因で歩くことができなかった。
- 彼女は誇り高く，車椅子の寄付を最後まで拒んで大地を這いながら暮らしていた。
- 画面にはないが彼女の手前には，両親の墓があり，祈りをささげた彼女が這いながら家に戻ろうとする姿を描いたと考えられている。

最初からこの説明だけを聞いて鑑賞したのと，友達との対話をした後にこの説明を聞いたのとでは感じ方や学びの深さが明らかに違うということは十分に理解できるだろう。

対話的な学びの意義は，鑑賞の学習だけではなく，表現の学習においても同じである。作品の構想を整理したり練り上げたりする際，教師や友達などと対話し，それらを参考にしながら自分の考えをより明確に整理し，場合によっては発表し合ったり，文章にまとめたりすることで表現の学習を深めることもできる。

4　深い学びの実現に向けて

「深い学び」の実現に向けた視点としては，ここでも高等学校芸術（美術Ⅰ）を想定した上でこのように述べられている。

> ○　「深い学び」の実現のためには，中学校美術科における学習

> を基礎にして,「造形的な見方・考え方」を働かせて,芸術としての美術と豊かに関わる学習活動を通して,主体的に学ぶ意欲を高め,豊かに主題を生成して発想や構想をし,創造的な技能を働かせてつくりだす表現の能力と,美術作品や文化遺産などを様々な観点から鑑賞して,そのよさや美しさを創造的に味わう鑑賞の能力を相互に関連して働くようにすることが大切である。加えて,お互いの見方や感じ方,考えなどを交流することで,新しい見方や価値などに気付き,表現や鑑賞の能力を深めていくような学習により教科・科目において育成する資質・能力を確実に身に付け,それらを積み重ねていくことが重要である。

　ここでは,高等学校芸術科(美術Ⅰ)を例としながらも,表現の学習によって身に付いた能力と鑑賞の学習によって身に付いた能力を相互に関連して働くようにしながら,深い学びを実現させることが述べられている。

　本節では,中学校美術科における「主体的・対話的で深い学び」について中央教育審議会答申を引用する形で「主体的な学び」「対話的な学び」「深い学び」に分けて考えてきた。しかし,これらは本来一体となって進められるもので,知性と感性の両方を働かせて学ぶ美術の特質を生かし,心と体を使って触れたり感じたりする体験,人との関わりを通してよさや価値を実感する体験など,活動と学びの関係性や活動を通して何が身に付いたかという観点をもつことが「主体的・対話的で深い学び」に求められているのである。

第4節 中学校美術科における「見方・考え方」

Q 中学校美術科における「見方・考え方」をどのように捉えればよいですか。

1 子供の発達と造形的な「見方・考え方」

　造形的な「見方・考え方」について述べる前に，新学習指導要領において「見方・考え方」をどのように定義して使っているかについて見てみたい。

　本書は，『中学校教育課程実践講座 美術』であるから，美術科としては造形的な「見方・考え方」を指すが，この「見方・考え方」は，他の教科でもキーワードとして使われており，各教科等の特質に応じた物事を捉える視点や考え方を指している。

　総則の中では，「主体的・対話的で深い学びの実現に向けた授業改善」の中で，次のように述べている。

○　（前段略）特に，各教科等において身に付けた知識及び技能を活用したり，思考力，判断力，表現力等や学びに向かう力，人間性等を発揮させたりして，学習の対象となる物事を捉え思考することにより，各教科等の特質に応じた物事を捉える視点や考え方（以下「見方・考え方」という。）が鍛えられていく

> ことに留意し，生徒が各教科等の特質に応じた見方・考え方を働かせながら，知識を相互に関連付けてより深く理解したり，情報を精査して考えを形成したり，問題を見いだして解決策を考えたり，思いや考えを基に創造したりすることに向かう過程を重視した学習の充実を図ること。

このように，学習指導要領で定義されている各教科等の特質に応じた物事を捉える視点や考え方という括りの中で，中学校美術科における「見方・考え方」を考えてみたい。

学習指導要領の基となった中央教育審議会答申では，次のように述べ整理している（下線は筆者による）。

図画工作科，美術科，芸術科（美術，工芸）における「見方・考え方」

○ 図画工作科，美術科，芸術科（美術，工芸）の「見方・考え方」については，以下のとおり整理することができる。

【小学校図画工作科】

感性や想像力を働かせ，対象や事象を，<u>形や色などの造形的な視点</u>で捉え，自分のイメージを持ちながら意味や価値をつくりだすこと。

【中学校美術科】

感性や想像力を働かせ，対象や事象を，<u>造形的な視点</u>で捉え，自分としての意味や価値をつくりだすこと。

【高等学校芸術科（美術）】

感性や美的感覚，想像力を働かせ，対象や事象を，<u>造形的な視点</u>で捉え，新しい意味や価値をつくりだすこと。

校種による表現の違いはあるものの内容としては同じことを述べて

第4節　中学校美術科における「見方・考え方」

いる。小学校と中学校の記述を並べてみると，内容も校種による言葉の違いも現行指導要領の〔共通事項〕に似ていることに気付く。答申でもそのことを指摘しつつ次のように続けている。

○　これらの教科・科目の「見方・考え方」は，現行の学習指導要領において，小学校図画工作，中学校美術科で示されている表現及び鑑賞に共通して働く資質・能力である〔共通事項〕とも深い関わりがある。今後，その関連について検討していくことが求められる。
○　こうした芸術系教科・科目の「見方・考え方」の特徴は，知性と感性の両方を働かせて対象や事象を捉えることである。知性だけでは捉えられないことを，身体を通して，知性と感性を融合させながら捉えていくことが，他教科等以上に芸術系教科・科目が担っている学びである。また，個別性の重視による多様性の包容，多様な価値を認める柔軟な発想や他者との協働，自己表現とともに自己を形成していくこと，自分の感情のメタ認知なども含まれており，そこにも，芸術系教科・科目を学ぶ意義や必要性がある。

やや難解ではあるが，ここには非常に重要なことが述べられていると思うので分かりやすく整理してみる。
① 　美術における学びの特徴は，知性と感性の両方を働かせ融合させながら物事を捉える点にあり，これは他の教科と比べて美術による学びの優れた特徴である。
② 　美術による学びは，個性や多様性を許容し，重視しているため，他者を認めながら共に生きる力や学びを通して自分自身を見つめ，自己理解を深め，自己を形成していくことができる。

美術の教科としての特徴的な学びのスタイルとも言えるこれらの

「見方・考え方」は、どのような場面で見られるだろうか。実際の授業場面を例に挙げて考えてみたい。

まず、①の知性と感性を融合させながら物事を捉えるような学びとして、遠近法の指導を例にしてみたい。一点透視、二点透視など二次元の平面に三次元の世界を表現する方法として遠近法を学ぶことは知性的な学びと言える。遠近法を学び身に付けることで生徒たちは広い空間表現ができるようになり、知的な達成感も味わえるだろう。ユトリロの作品「コタンの袋小路」（写真4）などを見て遠近法による空間表現に知的な面からも納得できるようになる。

写真5は、ホックニーの作品「ホテル・アカトラン 中庭の回遊」である。透視図法を様々な視点で組み合わせているため、実際にはありえないような不思議な空間表現となっている。

しかし、そのことによってダイナミックな空間表現となっており、明るい色彩と相まって透明感のある作品となっている。この作品において遠近法のゆがみともとれる表現は、作品の効

写真4　ユトリロ「コタンの袋小路」
Maurice Utrillo／Centre national d'art et de culture Georges-Pompidou

写真5　ディヴィッド・ホックニー「ホテル・アカトラン 中庭の回遊」
David HOCKNEY／株式会社ベネッセホールディングス所蔵

果を高め，見る人に感動を与える結果となっている。

　日本の絵巻物にも遠近法に矛盾した表現例が見られる。源氏物語絵巻などは，邸内を俯瞰した場面で，遠くに行くにしたがって空間が開いていくような，逆遠近が用いられており，現実にはありえない空間表現となっているが，見ていて不自然さはなく，遠くの人物の表情などもよく分かるため絵巻として分かりやすく美しい表現となっている。

　②の「個性や多様性を重視し，他者を認めながら共に生きる力や学びを通して自己を形成していくことができる」という特徴については，グループでクラスのロゴマークを制作するという美術の授業を想定して考えてみたい。

　1グループ5～6人が，共同で一つのロゴマークを制作し，六つのグループの作品をコンペ形式で選考し，自分たちのクラスのロゴマークを制作する授業である。コンペの際は，各グループが5分間のプレゼンテーションを行い，全員の投票で決定することにした。

　まず，グループごとに全員がアイデアスケッチをし，アイデアに込められた意味を説明し合った。
　　○動物の形はインパクトが強いのでウシをモチーフに考えた。担任の先生のニックネームが「モー先生」だから。
　　○何をやっても速いことが自慢のクラスだから「ロケット」がいい。
　　○「みんな仲よく」がモットーなのでハートの形にしたい。
　　○さわやかで元気なイメージがいい。
　　○1色だけのシルエットで分かるシンプルなマーク。

　話合いの結果，このグループでは空色の円の中にロケットに乗ったウシを白抜きした案が決定し，案に基づいたラフスケッチをみんなで制作した。ここまでの学習活動でどのような学びがあったろうか。
　　①　一人一人がクラスのイメージを造形的な視点で考えた。

② 自分のイメージを言葉とスケッチで表現した。
③ 友達の考えや造形的なイメージを理解しようとした。
④ グループ全員のアイデアを比較し選択したり合体させたりした。
⑤ 決まった案を基に自分としての色や形を考えスケッチで表現した。

細かく挙げればもっとあるが、個性や多様性を許容し、重視して、他者を認めながら共に生きる力や学びを通して自分自身を見つめ、自己理解を深めながら自己を形成していく学びと言えるのではないだろうか。まさに美術ならではの学びと言えるだろう。

さらに、答申では、芸術系教科・科目の「見方・考え方」についてこのように述べている。

> ○ また、特に重要な「感性」の働きは、感じるという受動的な面だけではない。感じ取って自己を形成していくこと、新しい意味や価値を創造していくことなども含めて「感性」の働きである。また、「感性」は知性と一体化して創造性の根幹をなすものである。このため、芸術系教科・科目が、子供たちの創造性を育む上でも大切な役割を担っている。

芸術系教科・科目の代表的な教科である「美術」は、誇りをもってこの期待に応えたいものである。

2 造形的な視点を養う

図画工作科、美術科、芸術科（美術、工芸）における「見方・考え方」を整理した中には、「造形的な視点で捉え」というフレーズが、小学校から高等学校まで使われている（34ページ下線部参照）。

ここで、「造形的な視点」について触れておきたい。中央教育審議

会の答申の文中，小学校図画工作だけが，「形や色などの造形的視点で捉え」となっていることからも，造形的視点とは，「形や色など」のことであると分かる。さらに詳しく言うと，「形や色彩，素材などの造形要素の働きに注意を向けて対象や事象を捉える視点」と言えるだろう。この視点は，美術の表現や鑑賞の活動にとって欠かすことのできない重要な視点である。この視点は，知性と感性とを融合させた美術の活動をしていく中で自ずと育つ面もあるが，生徒が意識して学ぶ姿勢の中で一層効果的に身に付く視点である。

例えば，生徒が絵や工芸などの作品を前にして「素晴らしい」と感動したとき，ただ素晴らしいで終わらせることなく，どこがどのように素晴らしいと感じたのか，自分なりの理由を考えさせるように仕向けることによって感動が知性と感性の融合した，より実感の伴った感動となるのだと思う。

私自身，美しい夕暮れの空を見て，「こんな空や雲を描きたい」と思うことがよくある。そんなとき，どんな色を重ねることによってこの感じが表現できるか，頭の中の画面でシミュレーションをしてみる。今までの経験を生かし，色の重なりや技法などに思いを巡らせることによって空の印象は一層実感を伴ったものとなり，制作意欲さえもわいてくるものである。

授業の中で教師が指導法や言葉かけなどを工夫することにより，生徒の造形的な視点は養われ深まってくものである。

3　自分としての意味や価値に気付く

美術の授業で身に付いた造形的な視点は，美術の表現や鑑賞の場面でのみ生かされるものではない。日々の生活の様々な場面で出会う対象や事象に対しても造形的な視点は働き，よさや美しさに対する感性が高まり，自分としての意味や価値に気付くようになる。このような

気付きが,美しいものや優れたものに接して感動する,情感豊かな心としての情操を育むことになるのである。

第2章

中学校美術科の目標の改訂

第1節 教科の目標の改訂

> **Q** 中学校美術科の教科目標はどのように改訂されましたか。ポイントを教えてください。

1 目標の目指すもの

今回の改訂で、今まで一文で表されていた教科の目標が、全教科において育成を目指す資質・能力がより明確になった。

美術科でも、(1)「知識及び技能」、(2)「思考力、判断力、表現力等」、(3)「学びに向かう力、人間性等」として示されている。

> 第1 目 標
> 　表現及び鑑賞の幅広い活動を通して、造形的な見方・考え方を働かせ、生活や社会の中の美術や美術文化と豊かに関わる資質・能力を次のとおり育成することを目指す。
> 　(1) 対象や事象を捉える造形的な視点について理解するとともに、表現方法を創意工夫し、創造的に表すことができるようにする。
> 　(2) 造形的なよさや美しさ、表現の意図と工夫、美術の働きなどについて考え、主題を生み出し豊かに発想し構想を練ったり、美術や美術文化に対する見方や感じ方を深めたりすることができるようにする。

> (3) 美術の創造活動の喜びを味わい，美術を愛好する心情を育み，感性を豊かにし，心豊かな生活を創造していく態度を養い，豊かな情操を培う。

(1) 「知識及び技能」は，造形的な視点を身に付けて，知識を豊富にし，表現方法を工夫して創造的に表す技能に関わる目標
(2) 「思考力，判断力，表現力等」は，表現における発想・構想と，鑑賞での美術や美術文化に対する見方や感じ方に関わる目標
(3) 「学びに向かう力，人間性等」は，美術を愛好する心情等，心の豊かさと，主体的に取り組む態度に関わる目標

となっていて，今回の中学校学習指導要領改訂の大きな柱である育成を目指す資質・能力の明確化につながっている。これらを踏まえた上で，以下，より詳しく教科の目標について考えてみたい。

(1) 「表現及び鑑賞の幅広い活動」とは

新学習指導要領の美術の「目標」の始まりは，「表現及び鑑賞の幅広い活動」であり，現行のものと変わっていない。

教科の目標は，小学校図画工作における学習経験や，そこで育成された表現や鑑賞に関する資質・能力を基に，さらに中学校美術科で目標を達成し，高等学校芸術科（美術，工芸）へつながっていく。

高等学校への進学率が上がり，多くの生徒が高校生になる。しかし現行では芸術科は選択教科であり，美術，工芸を選択しない多くの生徒は中学校美術科の授業を受けることが，学校で教育活動として行う最後の「表現及び鑑賞の幅広い活動」となる。

中学校美術科の目標で，「美術科」の教育活動は，「表現及び鑑賞の幅広い活動」である，と定義されていると考える。

これを生徒の立場で考えてみる。

「美術科の授業とは？」と中学生に聞いたとき，ほとんどの生徒が

何かを描くこと，創ることの「表現」を思い浮かべて，今までに描いたり，創った作品や見た作品について答えるだろう。

描くこと，創ることの表現についても，「色の三原色を覚え，混色をして12色の色の作り方を覚え，色相環に色を塗ってみよう」「レタリングで自分の名前を描いてみよう」「自分の右手をよく見て創ろう」など，教師が決めた美術の表現課題が出されて，それをどのような方法で描くか，創る手順を教えてもらい，「作品を作り上げる」。それを美術科の授業だと考える生徒が多い。

鑑賞については，「ゴッホの作品を見た」「ピカソを見た」とは答えるかもしれない。しかし，鑑賞してどうだったのか？　作品の鑑賞を通して，自分の感情の変化や，作品に込めた作者の心情などについて答えられる生徒は数少ないだろう。

さらに，今回改訂された美術科の目標では「表現及び鑑賞の幅広い活動」を，一人一人の生徒が，自分の気持ちや考えからイメージし，醸成されるものを主題に沿って表現する活動と，過去から現在に表現されたものからよさや美しさなどを主体的に感じ取り，作者の心情や美術文化などについて考え，見方や感じ方を深める鑑賞の活動としている。

そして，表現においては，幅広い活動の中には，発想・構想に関する資質・能力を育成する，技能に関する資質・能力を育成することが含まれている。

(2) 「造形的な見方・考え方を働かせ」とは

「今まで『美しい』と感じた，事柄や事象を10個書きなさい」という課題を中学生に出したら，何人の生徒が10個書くことができるであろうか。

学校帰りに，夕日を見て「美しい」と感じて，絵に描こうとしたり，写真を撮ろうとしたりする生徒がいるが，一緒に下校しながら，同じものを見ても何も感じない生徒もいる。

私たちは，自分の身の回りを様々な形や色，イメージをもつものに囲まれて暮らしている。一つ一つは洗練されて，美しい色や形をもつものであっても，それが無秩序に合わさってしまうと，「美しい」と言うのは難しくなる。

　それを感じる感性を育て，「美しい」を学ぶことをできるのが，中学校美術科の重要な学習活動である。

　今回の改訂では，「造形的な見方・考え方を働かせ」と入れることで，造形的な見方や考え方で事柄，事象を見る資質・能力を育成することとして重視していると言える。

　「美しい事象・事柄」を見たら，「わあ！　きれい！」「わあ！　凄い！」「わあ！　美しい！」とひとりでに感じるわけではない。学ばなければ「よさや美しさ」は感じられない。

　例えば，小学生は小学校算数科で学ばなければ基本の足し算「１＋１＝２」は分からない。算数の基礎・基本である。それと同様に中学校美術科では，基礎・基本の一つとして，造形的な見方・考え方を身に付け，それらを働かせられるようにしなければならない。

　中学校美術科の授業が，学校における美術科としての最後の教育活動になることも多いことも考慮して，造形的な見方・考え方を身に付け，それらを働かせられるように，生涯にわたって身の回りの生活や生きていく社会の中で，美術や美術文化と豊かに関わっていくための資質・能力として，育成につなげなければならない。

(3)　生活や社会の中の美術や美術文化と豊かに関わる資質・能力とは

　中学校を卒業すると，働いて社会の一員として生きていく生徒もいる。そのときに美術の授業ではどのような学力を付けて卒業させることができたかを問われたときに，「分からない」という指摘がある。

　計算ができなければ，お金を払って生活することもできない。ひらがな，漢字など字が書けなければ，読めなければ，順調な社会生活を

維持していくことも難しい。では，美術を学ぶことは将来何の役に立つのだろう。

今回の改訂では，抽象的ではなく，美術科という教科が，「生活や社会の中の美術や美術文化と豊かに関わる資質・能力を次のとおり育成することを目指す」と明記されている。

大人になったら，みんなが行くから，なんとなく「美術館に行って鑑賞してきた」というのではなく，中学校で，鑑賞の授業を学ぶことで，表現作品のよさや美しさに気付くことができたり，生活の中でテーブルコーディネイトを考えようと努力してみたりする資質・能力を身に付けさせるとしているのである。

美術の授業が表現と鑑賞の要素で成り立っていることを，実感している生徒は少ない。しかし，テレビ番組等で美術館での展覧会の様子を見たり，紀行番組でその土地出身の著名な作家が取り上げられているのを見たりして，自分で気付かないうちに鑑賞をして，自分の感性を揺さぶらせていることもあるし，これからもあるだろう。

また，電車の駅のポスターを見て，いつの間にか斬新さに感動したり，分かりやすいもの，気持ちを引きつけられるもの等について，色や形の組合せ，イメージ等から自分とポスターが対話し，よさや美しさを感じ取っていたりする。

これらはまさに生活や社会の中の美術や美術文化と豊かに関わることである。

今回の改訂で新たに強調されているところである。

2　教科の目標(1)〜(3)のポイント

(1)　教科の目標(1)について

(1)　対象や事象を捉える造形的な視点について理解するとともに，表現方法を創意工夫し，創造的に表すことができるようにする。

ここでは(1)「知識及び技能」について示されている。

ここで言う，対象や事象とは何を指すのであろうか？　自然，美術作品や造形物を対象として，事象とは感情や想像などの心情的なもの，精神的な心の世界などを表す。

そして，造形的な視点とは，造形を捉えるための様々な視点である。形や色彩，材料や光などの性質を通して共通事項に身に付けることとして指導するように明記された造形の要素を基にそれらの働きを捉えたり，イメージを捉えたりする視点であると考える。

「山の美しさを描きたい」という生徒に，「どこがどのように美しいのか」「山と山の重なりの形が美しい」のか，「山の新緑の色が美しい」のか，「山に日が落ちて，徐々に暮色が深くなっていく光の中にそびえる山の端が美しい」のか。生徒が造形的な視点を身に付けることができると，毎日同じ山を見ていても様々な変化に気付く。また，造形的な視点をもち，言葉で説明をすることができるようになり，生涯にわたり言語表現を豊かにできる。

造形的な視点が共通事項を踏まえていることを考え合わせると，豊かな造形的な視点を身に付けさせるためには，「A表現」の指導ばかりではなく，「B鑑賞」の指導が十分に行われる必要があることが分かる。この視点をもてるようになることは，知識を身に付けることにもなる。

また，技能として，表現方法を創意工夫し，創造的に表すことができるようする。

　「表現方法」で発想したことや構想をしたことを基に，今まで経験した材料や用具等や新たに使用する方法を学ぼうとしたことを生かして，創造的に表す技能について表している。

　自分が思い付いたこと，発想したことをどのように形にしようかと試行錯誤を繰り返したり，どのような方法を使うか，表現方法を見つけ出したりすることが重要である。発想・構想の段階で試行錯誤を繰り返すことが重要で，それが「創造的に表す」の「創造的」につながるのである。

　試行錯誤，創意工夫を一人一人の生徒が行うためには，発想・構想に関する資質・能力と，創造的に表す技能が行ったり来たりしながら育成されるものである。

　さらに材料との出会いから発想を膨らませることもあり，表現しながら新たな技法を取り入れることで，そこからさらに新たな発想が浮かぶこともある。

　そのきっかけや根拠となるのが造形表現の視点である。これらが一緒に働いて相乗効果を上げることで，一層創造的な表現，生徒がよく言う「誰も思い付かなかった表現」「私だけの表現」になるのである。

(2) 教科の目標(2)について

> (2) 造形的なよさや美しさ，表現の意図と工夫，美術の働きなどについて考え，主題を生み出し豊かに発想し構想を練ったり，美術や美術文化に対する見方や感じ方を深めたりすることができるようにする。

　ここでは「思考力，判断力，表現力等」を育成することについて示されている。

　現行の学習指導要領から大きく取り上げられており，学校教育法第

30条第2項において「思考力，判断力，表現力等」とは生涯にわたって学習する基盤が培われるように「知識・技能」を活用して課題を解決するための力と規定されている。

今回の改訂でも，総則において，育成を目指す資質・能力として教育活動の充実を図る際に生徒の発達や特性等を踏まえつつ，偏りなく実現できるようにするものとされている。

美術科において育成する「思考力，判断力，表現力等」とは，表現の活動を通して育成する発想や構想に関する資質・能力と鑑賞の活動を通して育成する鑑賞に関する資質・能力である。

教科の目標(2)の美術科で育成する「思考力，判断力，表現力等」には「表現の活動」と「鑑賞の活動」の二つの活動がある。

「造形的なよさや美しさ，表現の意図と工夫，美術の働きなどについて考え」の「造形的なよさや美しさ」とは，発想や構想と鑑賞のどちらとも言える資質・能力である。「表現の意図と工夫」は鑑賞を考えたときには，作者が作品に込めた気持ち，心情を読み解くことであり，表現上の工夫に気付き楽しむことである。

自分の表現作品から見たときには，自分が作品に表そうとして，自分の気持ちに向き合っており，表現の方法にも様々な工夫を施していることである。

「美術の働きなど」とは，生活や社会の中で日常的に人々を心豊かにする美術のもつ特性を示している。

ここでは美術館等での表現作品の鑑賞はもちろんのこと，生涯にわたって学習する基盤をつくることを考えると，日常的な生活の中でも生きて使えるものでありたい。

例えば，自分の家で，カーテンを替えることになり，家族でいろいろと相談をする。

居間のカーテンは家族の皆が揃うところなので，家族が気持ちよく過ごせる雰囲気を醸し出さなければならない。また自分の部屋は自分

が気に入るものを選びたい。

　その選択に当たって，形や色彩，イメージや，使用の目的など今まで自分が美術の授業で学んで身に付けたことを総動員して，根拠をもって家族に「このカーテンを買おう」と言える生徒を育成することが，ここでの美術の働きについて考えることになり，美術や美術文化に対する見方や感じ方を深めたりすることができるようになることである。

　「主題を生み出し豊かに発想し構想を練ったり，美術や美術文化に対する見方や感じ方を深めたりすることができるようにする。」

　「美術」は表現作品だけではなく，美術科で学習する，自然の造形や環境事物，事象も全て含む。

　例えば，題材を「流木を使った作品を作る」としよう。そこには色彩，形，イメージとしての面白さを見いだすことができる。

　しかし，授業者はそこに，流木が，樹木として生えていた森を思い出させ，自然の営みを思い起こさせることができる。樹木が生育していく長い年月という時間の経過や歴史も考えさせることができる。そして，いつか樹木は倒れ，川を下る。人の営みが樹木を伐採し，人の営みを見ながら樹木は，生徒の手元に流れついた。

　「流木を使った作品を作る」と主題を決めても，表現の作品として，そこにはいくつもの題材を考えさせることができる。

　平面の作品，半立体の作品，立体の作品。生徒が主題を生み出し，意味付けし豊かに膨らますことができる。

　私たちの身の回りには，美術作品ばかりではなく，伝統工芸や文化等，美術や美術文化として捉えることのできるものが多くある。

　グローバル化が進み，多くの外国からの人々を受け入れ，国際社会で活躍する日本人を育成するために，我が国や郷土の文化や伝統を知り，そのよさを継承・発展できる人々の育成が求められている。美術科はそれを学習として学ぶことのできる教科である。

(3) 教科の目標(3)について

> (3) 美術の創造活動の喜びを味わい,美術を愛好する心情を育み,感性を豊かにし,心豊かな生活を創造していく態度を養い,豊かな情操を培う。

ここでは,「学びに向かう力,人間性等」を育成することについて示されている。

美術科における学びに向かう力や人間性を育んでいくためには,一人一人の生徒が,表現の活動や鑑賞の活動に主体的に関わり,それらに関する資質・能力を身に付け,学んだことを今後生かしていけるように学習活動を充実させなければならない。

教科の目標(1)と(2)で学習した上で育成できることから,どのように目標(1)(2)を到達させるかが大変重要になる。

「美術の創造活動の喜びを味わい」の創造活動は,生徒一人一人が新たに自分のものをつくりだす活動であり,創造活動の喜びは,自らが主体的に自分の力を発揮することができたときに,味わうことができると考える。

表現の活動においては,主題を自分で捉え,自分の考えや,気持ち,イメージや知識などを基に自分が表現したいことをしっかりと考える。デザインや工芸などの場合は,それを使う相手,他者への願いや思いも考える。それらを合わせて作品として形になったとき,それらが相手に渡ったとき,創造する活動が実体をもって喜びとなり味わうことができる。

表現の作品が出来上がったときだけ喜びを味わうことのできる,表現の創造ではなく,相手のことを思って様々に思いをめぐらせ,自分自身と向き合い,自分の心情等に深く入り込み,「自分は何なのか」など,思春期に必要な自問自答を繰り返し,表現方法を見つけ出すこ

とができたときなども創造活動の喜びを十分に味わうことができる。

　表現の作品が完成することも重要であるが，どこで完成とするかは，作者である生徒が自分で決定するものである。一人一人の完成形が違うからこそ，創造活動の活動中に喜びを味わうことができることが重要になると考える。

　鑑賞の活動でも「創造活動」の喜びを味わうことができる。

　表現の作品などを自分の見方や感じ方で創造力を働かせてみたり，友達との対話の中で新たな見方を知り，新たな価値付けをすることができたりする。またお互いに作品を見合う活動を通して，他者の意見や新たな価値付けは，さらに自分の創造活動への意欲を高めることもある。美術の創造活動の喜びは，表現及び鑑賞の全ての場面で行ったり来たりしながら，「表現」「鑑賞」という枠にとらわれず味わわせる。

　「美術を愛好する心情を育み」の美術を愛好する心情を育てるには，一人一人の生徒が，自分のしたいことを見つけ，自分にしかない価値を見つけ出すことが重要だと考える。

　美術を愛好していくには，「楽しい」「美しいってなんだろう」「もっとよくしたい」等の気持ちをもち，生涯にわたってそのように考えながら生きていくことであると考える。

　美術を愛好する心情は，美術が好きで楽しみ，生活を豊かにして心に潤いを与え，より美しく改善しようとする豊かな人間性を形づくることと考える。

　成人した人の中には，「自分は絵を描くのは苦手でしたが，美術館に行くのは好きです」と言う人もいる。また世界の美術館，博物館の入場者数を比べると，常設展についてはフランスのルーブル美術館やイギリスの大英博物館には及ばないが，企画展については，ここ数年日本の企画展が上位5位に複数含まれている。

　これらを考えると美術を愛好する心情を育むためには，創造活動に

おける喜びと，満足感，そしてそこから得られる自己肯定感。さらによりよいものを目指そうとする気持ちを育成することが，愛好する心情につながるのではないか？　その気持ちを大切にしながら，鑑賞の活動においては，一人一人の見方，考え方を尊重し，ここでも自己肯定感をもたせることが，鑑賞をすることに自信と楽しみを見つけることにつながると考える。

　美術を愛好する心情を育むことは美術作品，美術文化を理解することになり，生涯にわたって我が国を愛し，国際人としての視点ももち続けられることを示唆している。

　「感性を豊かにし」とあるが，「美術科で育成する感性とは，様々な対象・事象からよさや美しさなどの価値や心情などを感じ取る力」である（『中学校学習指導要領解説　美術編』平成20年）。

　美術において感性を育てることは豊かな心や人間性を育み，生きていく力となる。

　社会や人生を考えるときに，よさや美しさなどの価値の規準をもっていることは，人としてぶれないものを獲得しており，美術という世界の中だけではなく，様々な場面で重要になってくる。

　「感性を豊かにし，心豊かな生活を創造していく態度を養い，豊かな情操を培う」。今回の改訂で，「生活」という言葉が目標に入れられた。

　なぜ美術の授業が中学校で必修であるのか。美術で学んだ資質・能力は，これから生きていくときに日々の生活を豊かに彩ってくれるから必要なのである。

　わざわざ，毎日水彩絵の具を出して，自分を取り巻く自然を描いておこうという人は非常に少ないと思う。

　しかし，毎日の山のみどりの色彩の変化に，「美しい」と思い，心を振るわせながら足を止める人は多くいることだろう。美術作品を制作することだけが美術の活動ではない。日々生活を送る中で，自分の居間を考えても，座りやすいようにデザインされた椅子や，木の特徴

や木目の美しさを生かしたテーブルがあり壁には名画のカレンダーから，スペイン・プラド美術館所蔵のゴヤが描いた「着衣のマハ」が微笑む。生徒を含め，私たちの身の回りにはたくさんの創造的な作品との出会いがあり，生活を彩っている。

　なぜ美術の授業が中学校で必修であるのか。新学習指導要領における教科目標が，「感性を豊かにし，心豊かな生活を創造していく態度を養い，豊かな情操を培う」からであるという，回答になっている。

第2節 各学年の目標の改訂

Q 中学校美術科の各学年の目標はどのように改訂されましたか。ポイントを教えてください。

1 具体的な目標

〔第1学年〕
1 目標
(1) 対象や事象を捉える造形的な視点について理解するとともに,意図に応じて表現方法を工夫して表すことができるようにする。
(2) 自然の造形や美術作品などの造形的なよさや美しさ,表現の意図と工夫,機能性と美しさとの調和,美術の働きなどについて考え,主題を生み出し豊かに発想し構想を練ったり,美術や美術文化に対する見方や感じ方を広げたりすることができるようにする。
(3) 楽しく美術の活動に取り組み創造活動の喜びを味わい,美術を愛好する心情を培い,心豊かな生活を創造していく態度を養う。

〔第2学年及び第3学年〕
1 目標
(1) 対象や事象を捉える造形的な視点について理解するとともに,意図に応じて自分の表現方法を追求し,創造的に表すことができるよ

うにする。
(2) 自然の造形や美術作品などの造形的なよさや美しさ，表現の意図と創造的な工夫，機能性と洗練された美しさとの調和，美術の働きなどについて独創的・総合的に考え，主題を生み出し豊かに発想し構想を練ったり，美術や美術文化に対する見方や感じ方を深めたりすることができるようにする。
(3) 主体的に美術の活動に取り組み創造活動の喜びを味わい，美術を愛好する心情を深め，心豊かな生活を創造していく態度を養う。

　今回の改訂では学年の目標は，教科の目標の実現を図るために，整理されている。学年の目標は，生徒の発達の特性を考えて具体的な目標になっている。各学年ともに形式は共通で，
　(1)は，造形的な視点を豊かにするために必要な知識，表現方法を工夫して表すことができる技能に関する目標とする。
　(2)は，表現における発想や構想と鑑賞では見方や感じ方を目標としている。
　(3)は，美術の活動に主体的に取り組む態度や美術を愛好する心情を培い，心豊かな生活を創造していく態度を養うことが目標になっている。
　(1)(2)はA表現，B鑑賞及び共通事項で指導することとなっているが，(3)は指導していく中で醸成される心情的なものとされている。
　このことから，(1)(2)については表現の活動と鑑賞の活動で一人一人の生徒の取組や目標の達成状況を把握することは可能であるが，(3)に関しては，生徒に寄り添い，意欲や態度，心情の変化を見取ることが必要となる。

2　学年の目標と学年の発達の特性

学年の目標は，発達の特性を考えて〔第１学年〕と〔第２学年及び第３学年〕で構成されている。

第１学年では「表すことができるようにする」の目標で分かるように，それぞれの事項を知って習得することに重きが置かれている。

第２学年及び第３学年では，「表現方法を追求し」「独創的・総合的に考え」「深めたりする」「心情を深め」と，経験や発達を踏まえてより深い学びになるように目標が定められている。

指導計画の作成をするときには，各学年で工夫されている目標のもつ意味を考え，３年間の中学校美術科の学習内容を工夫しなければならない。

(1)　学年の目標(1)について

ここは「知識及び技能」についての育成に関することである。

学年の目標(1)の全学年共通の「対象や事象を捉える造形的な視点について理解する」は造形的な視点を豊かにするために必要な知識のことで「自分の表現方法を追求し，創造的に表すことができる」は創造的に表す技能のことである。

知識について言えば，共通事項に示されている内容について指導する際に，例えば色彩について学ぶ場合に，色の三属性や，色相環について言葉として暗記させて学ばせるのではなく，色彩のもつイメージと，新たに学んだ言葉が生きて働くようにする必要がある。それが本来，必要とされる知識になる。表現をする技能についても，単に手順に沿って材料や用具を使う方法を，教え込んで覚えさせることでなく，自分が発想や構想をしたことを自分の思いとして表現するためには，自ら工夫し意図して創造的な技能を獲得することが目標である。そこで初めて「知識及び技能」が育成されるのである。

(2) 学年の目標(2)について

学年の目標(2)は美術科の目標と同じで、「思考力、判断力、表現力等」を育成する目標として掲げている。

各学年において育成する「思考力、判断力、表現力等」とは、表現の活動を通して育成する「発想や構想に関する資質・能力」と鑑賞の活動を通して育成される「鑑賞の資質・能力」である。

表現の活動と鑑賞の活動はそれぞればらばらに行われるものではなく、それぞれが絡み合いながら生徒の心に刻まれていくものである。

例えば、「ミロ」の作品を共通事項の視点で鑑賞して、自分もミロのような表現技法を用いて自分の気持ちを表現させるような「ミロの気持ち」という題材を考える。「ミロ」の色彩や形を通して作者が何を表現しようとしたか、作者の心情に迫ることができれば、そこから発想や構想をして、自分の気持ちをミロが試みた表現の方法を使って表すことができる。同じように自分の作品を友人と鑑賞し合うことで、他者の視点で自分の思いや気持ちを掘り下げてもらうこともできる。これを第1学年で実施した場合には、色彩や形を視点に鑑賞し、表現の作品も、色彩や形、イメージを主題にするが、第2学年及び第3学年を対象とした場合には、作者の気持ちを深く掘り下げ、表現する活動も、自分自身の思いや考えに重点を置き主題を設定することになる。

今回の改訂では、発達を考えての目標設定が重要であるとされている。発達に合った目標を設定することで、生徒は無理なくステップを上がることができ、または少しは背伸びも必要となり、深い学びにたどり着く。生徒の発達を考えると、3年間の指導計画が必要とされていることが理解できるであろう。

(3) 学年の目標(3)について

ここでは「学びに向かう力、人間性等」について育成する目標として示されている。各学年で育成する「学びに向かう力、人間性等」

は，主体的に美術の活動に取り組む態度や，創造活動の喜びを味わうこと，美術を愛好する心情を深め，心豊かな生活を創造することなどである。

　主体的に美術の活動に取り組む態度とは，「A表現」「B鑑賞」及び共通事項の各指導事項に関して，資質・能力を発揮し身に付けようとする態度のことである。

　主体的に取り組む態度とは，自分で考え，自分で深めることである。

　例えば木彫で「ペーパーナイフを作る」という授業があった場合，まず，木を彫って作られた工芸作品について鑑賞する。

　生活の中で使われている木彫を施されている製品を自分の家で探してくる。

　もしなければ，使っている木製品を持ってくる。大きい場合は，写真に撮ったり，簡単なスケッチをしたりして持ってくる。

　ここで，自分の身の回りのものを探すことで，授業へ向かう態度を育成する。授業に向かう態度を育成するには，関心をもっていることを伝えるための場面設定が必要になる。

　「家で探していらっしゃい」という課題は，やる気のある生徒にとってはますます，関心を高めることができる。

　生徒にとっては，美術室に入ったときから授業が始まるのではなく，木製品を探しているときからすでに授業への意欲が高まることになる。第2学年と第3学年は見方をさらに深めることで表現の活動と鑑賞の活動を，木製製品とペーパーナイフの機能や装飾の技法を通して自主的に学んでいく。

　授業で表現の活動を行う場合，「アイデアスケッチができたら先生のチェックを受けてください」「彫り始めるときは先生のチェックを受けてください」「塗料を塗る前に先生のチェックを受けてください」と，発想や構想を含め，最後の決定は全て「教師」がやることになっ

てしまっていることも多い。しかし，そこでは，自分で考え，自分で深めさせるために，教師は視点や助言を与える立場をとることが大変重要である。教師が決定し，「こうしなさい」「このように変えるともっとよくなるよ」と指示することではなく，生徒に気付かせるための指導をする視点が求められている。

　そして，主体的に学べる環境を意図してつくることで，美術を愛好する心情をさらに育成することができる。態度と心情はつながっていると考える。

　各学年の目標(1)(2)(3)で育成を目指している資質・能力の三つの柱は，順序性があるわけではない。相互に関連し，一体となって働くことが重要である。

第3章

美術科の内容と各学年の内容

第1節
3年間を見通した指導計画の作成と内容の取扱い

　各学校での指導計画の作成に当たっては，各学校の教育目標を明確にした上で，教育課程との関連を考えて3年間を見通して作成する。
　今回の改訂では，特に教科等横断的な視点からの教育課程の編成を図るものとされている。
　小学校図画工作科で学んだことを土台に，3年間の美術の授業で何を身に付けさせるかを考えることが重要である。
　美術科の目標は総則の第1の3の
　(1) 「知識・技能」が習得されるようにすること。
　(2) 「思考力，判断力，表現力等」を育成すること。
　(3) 「学びに向かう力，人間性等」を涵養すること。
を受けて，豊かな創造性を備え持続可能な社会の創り手となることが期待される生徒に，生きる力を育むことを目指し，各学年の目標もこれを発達に即して具体化したものである。
　美術科の授業ではこれらの目標を達成させるための指導計画を作成する。

1　主体的・対話的で深い学びの実現に向けた授業改善

> 1　指導計画の作成に当たっては，次の事項に配慮するものとする。
> 　(1) 題材など内容や時間のまとまりを見通して，その中で育む資質・能力の育成に向けて，生徒の主体的・対話的で深い学びの実

> 現を図るようにすること。その際，造形的な見方・考え方を働かせ，表現及び鑑賞に関する資質・能力を相互に関連させた学習の充実を図ること。

　今回の改訂で示された考え方に「主体的・対話的で深い学び」がある。
　これは育成すべき資質・能力を確実に育むための学習・指導方法を，「学びの質」に着目して授業改善の取組を活性化していく視点として，位置付けられたものである。
　今までも，表現の活動では，主体的に，自ら考え，自らの思いを表現し，鑑賞の活動では，感じたことや作者の思いを掘り下げて，発表し合うなど，対話的な授業の取組を実践してきた。
　特に鑑賞の活動では，アメリカ美術教育家のアメリア・アリナスの提唱する「対話型鑑賞法」を実践している授業も少なくない。
　また，授業の中で，表現の学習で制作した，もしくは制作中のお互いの作品を見合い，意見を交換し自分の表現の活動にそれを生かすなど，鑑賞の活動と表現の活動が同時に行われる題材を工夫している授業もある。
　今回の「主体的・対話的で深い学び」は今までの授業と全く違うものが提案されているわけではない。美術科の授業ばかりではなく，他教科でも授業改善の視点として提案されている。
　美術科の授業で主体的で対話的な学びを考えたときに，それを1単位時間で全て行うのではなく，題材の中でそれらを実現に向けたい。
　題材を考えたときに，どこに生徒が主体的になれる場面をつくるのか，生徒が考え，生徒が決めていく場面をつくることは，生徒が勝手にやることとは違う。
　例えば，表現の活動で環境ポスターの制作を考える（対象：全学年）。

［鑑賞の活動］

方法1　様々なポスターを見せる。教師が，古今東西有名なポスターを見せて，気付いたことを発言させる。その上で，話し合わせて，ポスターに必要な条件を考えさせる。

方法2　校内に貼ってある様々なポスターを見て歩く。自分でポスターに必要だと思うことを考え，自分なりの視点を決めたワークシートを使って，生活の中のポスターを鑑賞する。鑑賞したポスターを貼ってある場所も含め写真を撮ってくる。

以下，方法1，方法2に共通に授業を進める。ここではポスターを切り口に，

○自分でポスターから感じ取ったことを発言する。（主体的・対話的）

○作者の思いをくみ取ろうとする。（主体的）

○他者の意見や考えを聞き，その意見を基に自分で考える。（対話的・主体的）

○グループでの意見も参考にポスターの機能と制作の要件を考え，発表する。（対話的，深い学び）

○知識としてポスターに必要なことを学ぶ。（知識・技能）

［表現の活動］

○ポスターについて，必要な要件は知識として理解するとともに，自分もポスターを作って多くの人に自分の思いを伝えたいと考える。（学びに向かう力）

○主題である「環境」について自分の思いを深める。

○ポスター制作に必要な色彩の対比や色彩のもつ性質，描画材（この場合はポスターカラー）の扱い方を学ぶ。（知識・技能）

○共通事項を使い簡単なスケッチをして，思いついたことを表す。（思考力，判断力，表現力等）

> ○たくさんのスケッチから自分なりの根拠をもって,自分でどのような環境ポスターを制作するか決める。(主体的)
> [表現の活動] [鑑賞の活動]
> ○スケッチの段階で,プレゼンテーションをして,話し合い,ポスターを見る人の意見を聞き参考にする。(主体的・対話的)
> [表現の活動]
> ○共通事項を使いポスターを制作する。(思考力,判断力,表現力等)
> [鑑賞の活動]
> ○出来上がったポスターを校内に貼ったり,地域に貼ってもらったりして,ポスターが本来もっている目的や機能を果たさせる。(深い学び)

「環境ポスター」の制作という,今まで多くの実践のある授業であっても,視点を変えることによって授業の質の向上につながる。「主体的・対話的で深い学び」は特別な授業ではないことを理解したい。

2 「A表現」及び「B鑑賞」の関連をもたせた指導

> (2) 第2の各学年の内容の「A表現」及び「B鑑賞」の指導については相互に関連を図り,特に発想や構想に関する資質・能力と鑑賞に関する資質・能力とを総合的に働かせて学習が深められるようにすること。

第1節1の例で示したように,授業計画を作成する際に,表現と鑑賞の関連を図るためには参考作品として表面的に見せるだけに終わら

ないよう考慮したい。

3 「A表現」及び「B鑑賞」の指導計画について

　第１学年は表現の活動ではA表現(1)ア及びイそれぞれにおいて「描く活動」「つくる活動」を経験させることとなっている。
　第１学年という発達段階を考慮した場合，短時間題材を取り入れることが必要な場合もある。使用する用紙の大きさや紙質を工夫するなどで対応したい。
　第２学年及び第３学年の各学年においては，(1)のア及びイそれぞれにおいて，描く活動とつくる活動のいずれかを選択して扱うことができるとされている。２学年間を通して，描く活動とつくる活動ア及びイで調和的に行えるようにすることとされている。
　生徒によっては，時間をかけてじっくり取り組みたいと思うときもある。しかし，様々な題材を体験させることで，さらにその生徒がもっている能力を発揮させる機会にもなる。
　表現の活動の，描く活動とつくる活動，そして鑑賞の活動を，第１学年では全て経験し，第２，第３学年では２年間を通して行われる計画を立てる。第１学年と第２，第３学年の学年ごとの指導計画に，描く活動とつくる活動，そして鑑賞の活動を，生徒の発達と習得された知識・技能を考慮して配する系統性が求められる。
　例えば，第１学年で色彩について体験していることで，第２学年で，「私の大好きな風景」を描く活動では，第１学年で体験し，知識となっている「色づくり」が，風景画を描くときの大きな自信につながる。
　このように，３年間の系統立った指導計画で，一人一人の生徒が美術の学びを身に付けることができることが分かる。
　一人一人の生徒に合わせた，例えば「美術の学びのカルテ」のよう

なものを中学校の卒業に渡せる指導計画が必要である。

多くの生徒が学校の授業という場で美術を学ぶ最後となるかもしれない中学生の時期に，社会人としての美術の資質・能力が要求されていることを考えて3年間の指導計画を作成したい。また，その際「特別の教科　道徳」の授業との関連にも配慮したい。

4　障害のある生徒などへの配慮

通常の学級において，発達障害を含む障害のある生徒が在籍していることを前提に，全ての教科等において一人一人の教育的ニーズに応じたきめ細かな支援ができるように指導の工夫に意図，手立てを明確にすることが重要である。

今回の改訂では，障害のある生徒の指導に当たっては，学習活動を行う場合に生じる困難さが異なることから，個々の生徒の困難さに応じた指導内容や指導方法を工夫することを，各教科等において示している。

美術科の表現の活動では，注意の集中が続かない生徒等がいる場合，その生徒に合わせた活動の手順が必要になる。その場合には，活動のねらいを明確にして，安易に代替えを行わないように努力する。

また，生徒の中には，形や色彩の変化を見分けるのが難しい場合もある。小学校図画工作科での経験や対応を踏まえて，多様な材料や用具を準備し，鑑賞の活動では，認識の違いを尊重することも重要である。

生徒理解に関しては，小学校との情報交換をして，連続性を図り一人一人の生徒に沿った指導計画に配慮する。

5　内容の取扱いについてと指導上の配慮事項について

(1)　〔共通事項〕の指導に当たって

〔共通事項〕の指導に当たっては，形や色彩，材料，光などの造形の要素などに着目する。またイメージを捉えることや，作風や様式等とも実感を伴って指導する。

(2)　スケッチの学習を効果的に取り入れること

スケッチを効果的に取り入れることの重要さは，指導者であれば体験的に感じていることが多い。

自然や人物，ものをじっくり見つめて対象を捉えて描くスケッチが重視されてきた。それとともに，スケッチは，イメージを具現化するための発想や構想を練るのに役立つ。また，伝えたい情報を分かりやすく絵や図に描くプレゼンテーションとしてのスケッチは，今回の改訂が目指す授業の改善には欠かせない技能である。相手に自分の思いや考えを伝えるための手段として有効である。

私たちは，文字だけで，状況を理解するのではなく，ビジュアルや映像を伴うことで理解を進めることができる。

簡単に短時間で自分の思いを伝える手段としてのスケッチを指導計画に位置付けたい。

(3)　写真・ビデオ・コンピュータ等の映像メディアの積極的活用

授業改善に，映像メディアの積極的活用をしようと言われて久しい。

確かに美術室にすぐに使えるビデオや実物投影機があると手元を映し出すことができ，例えば彫刻刀の使い方等を分かりやすく指導することができる。

美術科が他の教科と違う点は，これらのIT機器を指導の道具として使用するとともに，生徒が自己表現の手段として使うこともできる

ことである。

　デジタルカメラを使って写真を撮ることで，色彩や光の変化に気付いた写真の作品を制作することもできる。フランスの後期印象派のモネは「ルーアンの大聖堂」を描くときに，朝の光や昼の光等，時間による対象の変化を色彩で表そうとした。生徒がデジタルカメラを使って建物を時間で追った写真を撮ろうとしたとき，モネが光の変化に感動した気持ちを追体験することが可能である。

　その上で自分だけの写真の作品もつくることができる。また何度も撮り直しがきくことから，構図について置く場所を変えて試してみたり，大きさを変えてみたり，フレームを変えてみたり，よりよいものを追求することが可能になる。

　動画映像についても，スマートフォンやデジタルカメラの動画機能を使って写真や描画では表せない，時間の経過や動きを表すことができる。こま撮りの機能を使って，短時間のアニメーションの制作も可能になっている。

　試行錯誤を繰り返してやり直せる機能をもったものに，コンピュータがある。

　コンピュータにある，光の色と，水彩絵の具などの描画材との色の違いも，この頃は違和感がないほどになっている。また，光の色と描画材の色の違いも，それぞれの材料がもつ，特徴として捉えさせることも大切になってきている。

　コンピュータを使って色彩や形を何度でも試すことができたり，平面を入力しながら立体を感じたりすることもできる。コンピュータを使ったスケッチもこれからは，身に付けさせる技能となるだろう。

　また，インターネットで，世界中の美術館とつないで，自分だけの美術館をつくり，鑑賞の授業に生かす方法もある。コンピュータを活用した，生徒の独創性を生かす授業改善も今後急速に進むと考える。

(4) 漫画，イラストレーションなど多様な表現方法の活用

　生徒の表現の能力を育成するために多様な表現方法を認め，生かす必要がある。日本の古来からの表現方法や表現の材料，扇面や短冊，屏風，絵巻物などを使って描画をすることは，生徒にとっては大変新鮮で，美術文化を理解する上で貴重な経験になる。また，漫画やイラストレーションも，日本文化として諸外国でその価値が認められ，日本に逆輸入されて，日本での価値付けをされるなど，多様な経緯もある。これからはゲームに使用されているアニメーションにも注目が集まることが起きるかもしれない。これらの表現方法は，生徒にとっては日常生活の中での美術との出会いの一端を担っている。著作権の問題もあるので，イラストレーションや映像メディア等については扱いが難しいが，身近なものとして活用していきたい。

第2節 第1学年

1　A表現

　発想や構想に関する資質・能力は,「ア　絵や彫刻などに表現する活動」を通して育成し,「イ　デザインや工芸などに表現する活動」を通して身に付けることができるよう指導する,と表現の活動を整理している。

　絵や彫刻は感じ取ったことや考えたことを基に発想・構想し,デザインや工芸は伝える,使うなどの目的や機能を考え発想や構想をする。

　第1学年では「対象や事象を見つめ感じ取った形や色彩の特徴の美しさ等を基に主題を生み出す」とある。

　これは生徒が自然の美しさや人物,動植物,身近にあるものをじっくり見て,形を捉えることなどを指す。

　また,自分で主題から想像したことなどを,絵や彫刻に表そうとして,構成を工夫する。

　第5章の実践例3「私の花」(123ページ)は,想像したことなどを基に主題を生み出して版の作品とした,表現の活動である。

① 　植物をじっくり見て,植物がもっている色や形の特徴を探る。
（対象や事象を見つめ感じ取った形や色彩の特徴や美しさ）

② 　植物がもつそのよさや美しさに気付き,自分の考えを花に込めた新しい「私の花」を表現する。（美的感覚を働かせて調和のとれた美しさなどを考え,表現の構想を練ること）

③ 　「私の花」をどのような場所に咲かせるかを創造し考える。（対

象の特徴や用いる場面などから主題を生み出し）

④　ワークシートにスケッチし，色鉛筆で着彩する。（創造的な構成を工夫し，心豊かに表現する構想を練ること）

⑤　一版多色刷りの版画の重色の効果や版画の効果的な方法を学ぶ。（発想や構想をしたことなどを基に，表現する活動を通して，技能に関する次の事項を身に付けることができるよう指導する）

⑥　彫刻刀の使い方を学ぶ。（用具の生かし方などを身に付け）

⑦　重色の効果を学び，かすれなどを生かし，ポスターカラーで転写する。（用具の生かし方などを身に付け）

⑧　ばれんを使って刷る。（用具の生かし方などを身に付け）

⑨　完成した作品の花に名前をつけ，花に込めた思いを書く。（主題を生み出し）

⑩　鑑賞し合う。

実践例を基に指導する内容を整理した。

一人一人の生徒が，自分から主題を生み出すまでにショートステップで，考えを進めることができるように，自分の考えをまとめる時間をつくる。「自分の花」については，まず，植物を対象としてじっくり見て特徴を捉える時間をつくる。そうすることで，特徴の中によさや美しさを見いだすことができる。「自分の花」の形，色彩について考える表現に関わることと，「自分の花」のもつ主題について考えをめぐらすことによって，言葉で表すことができるようになり，主体的に主題を生み出すことは言語活動の充実にもつながる。

実践例5　「感情の色と形」（132ページ）

感情を主題に構成し，表現する。

①　感情を分析し，思いを構成し，イメージを形にする。（対象や事象を見つめ感じ取った形や色彩の特徴や美しさ）

② 生み出した形をさらに構成し，色を塗る。（色彩の特徴や美しさ）
③ クレヨンの性質を知り，様々な技術的な方法を試し，作品を制作する。（材料や用具の生かし方などを身に付け，意図に応じて工夫して表すこと）
④ 制作している途中に中間鑑賞会を開く。
⑤ 鑑賞したことを活用し，さらに制作を進める。（心豊かに表現する構想を練ること）
⑥ 自分の作品のよさに気付く。

実践例5を基に指導する内容を整理した。

この授業は中学校入学後すぐの授業である。生徒にとっては，図画工作から，専門の先生が教えてくれるようになった美術の初めての授業である。

生徒にとって抵抗がなく，自己肯定感をもてる題材である。また，描画材としてクレヨンを使うことも表現の幅を広げる体験とともに，着彩に苦手意識をもっている生徒にとっては安心できる表現につながる。

実践例10 「自分のマーク」（153ページ）

マークについて学び，アイデアスケッチをして自分のイメージを伝えるマークを作る。
① 世界のマークや企業のマークを鑑賞する。
② マークの目的や機能を知り，よさや美しさを味わう。自分なりに分析する。（伝える目的や条件などを基に，機能と美しさなどとの調和を考え，表現の構想を練ること）
③ 主題を自分で決め，発想・構想しアイデアを描く。（伝える目的や条件などを基に，伝える相手や内容などから主題を生み出し，分かりやすさと美しさなどとの調和を考え，表現の構想を練ること）
④ ラフスケッチを見せ合い，それを基に話し合う。

⑤ 制作する。デザインの主題を紹介文として書く。
⑥ 主題を中心に，完成した作品のプレゼンテーションをする。

まず，世界や企業のマークを鑑賞してその特徴を捉える。その特徴から主題を見つけ，マークが伝える目的や条件などを基に，伝える相手のことを考えながら主題を生み出す。

主題を生み出すためには，自分の名前や自分の好きなものなど，自分を表すものを集めて，考え，表現の構想を練る。

誰に伝えるためのマークなのか，そのマークを何に使用するかも主題設定の際には考慮する。またラフスケッチを，繰り返しながら，制作の途中でプレゼンテーションを行い，他者の意見を聞く機会をつくる。

マークは着彩して，平面の作品として仕上げる。それとともに，プラスチック板で制作して，加熱すると，キーホルダー用装飾品としても使うことができ，そのデザインでそのまま，消しゴムはんことして制作して，水墨画の落款として使用することもできる。

第1学年の生徒にとって，短時間教材は魅力的である。様々な材料を体験することができるからである。自分がスケッチを多く行い，構想を練って考えたデザインならば，同じデザインで，使うものをつくれることは嬉しいことである。このことは生徒の自己肯定感につながり意欲的な態度で授業に臨むことになると考える。

実践例11　「美術にカメラ〜心の中に種をまこう〜」（157ページ）
美術の授業にカメラを取り入れて，表現の幅を広げ深めていく。

> **第3　指導計画の作成と内容の取扱い2(3)**
> 　各学年の「A表現」の指導に当たっては，生徒の学習経験や資質・能力，発達の特性等を踏まえ，生徒が自分の表現意図に合う表現形式

> や技法，材料などを選択し創意工夫して表現できるように，次の事項
> に配慮すること。
> 　イ　美術の表現の可能性を広げるために，写真・ビデオ・コン
> 　　ピュータ等の映像メディアの積極的な活用を図るようにすること。

①　「心の中に種をまこう」という主題で種をつくる。(心豊かに表現する構想を練ること)
②　種から出ている希望や可能性等の芽をつくる。(創造的な構成を工夫し)
③　願いや思いを込めた「種」をまいて育てていく場所の構想を練る。(対象の特徴や用いる場面などから主題を生み出し，美的感覚を働かせて調和のとれた美しさなどを考え，表現の構想を練ること)
④　カメラの持ち方や扱い方を学ぶ。(材料や用具の生かし方などを身に付け，意図に応じて工夫して表すこと)
⑤　構図など変えて構成し，試行錯誤を繰り返し工夫し，自分の表現意図に合う表現ができるまで撮影する。(材料や用具の生かし方などを身に付け，意図に応じて工夫して表すこと)
⑥　写真と心の中の種と一緒に鑑賞する。

　1学年の生徒にとって，自然や動植物を観察し，主題にすることは生徒の発達を考えたときには，抵抗は少ないだろう。
　しかし「心の中の種」という主題で自分自身の心を見つめ，表現することは，難しさを感じることである。今回心の中の種が，創造的な構成を工夫しながら主題をもって作成されたとき，写真を撮るということでさらに意欲的に制作されたのではないだろうか。
　生徒にとって，写真を撮ることはスマートフォンやデジタルカメラの普及で日常的になっている。しかし美術科の表現の授業として行わ

れる場合には「光」や「構図」を意識することを学ぶことができる。また，撮影するに当たってふさわしい場所探しも必要であるため，新たな表現技能を身に付けることができる。

2　B鑑賞

「B鑑賞」(1)は美術作品などの見方や感じ方，生活の中の美術の働きや美術文化についての見方や感じ方を広げる活動を通して，鑑賞に関する資質・能力を育成する項目である。

中学校3年間で育成する鑑賞に関する資質・能力によって，生涯にわたり，心豊かな生活を創造していくことができるようになってほしいということが，我々，美術を指導する教師にとっての大きな望みである。大人になり，旅行のついでにふと立ち寄った美術館で過ごす時間を本当に心豊かな時間だったと思えるためには，中学校3年間で身に付ける鑑賞に関する資質・能力を育成することを系統立てて計画することが大切である。1学年から生徒の発達を考え，鑑賞の目標をしっかり押さえ，3年間を見通す計画を立てたい。

> ア　美術作品などの見方や感じ方を広げる活動を通して，鑑賞に関する次の事項を身に付けることができるよう指導する。

(1)　美術作品などの見方や感じ方を広げる活動

第1学年では，絵や彫刻，デザインや工芸の作品や製品，生徒の作品を鑑賞対象としている。

> (ア)　造形的なよさや美しさを感じ取り，作者の心情や表現の意図と工夫などについて考えるなどして，見方や感じ方を広げること。

第1学年が鑑賞を通して身に付けて欲しい資質・能力は，まず「造形的なよさや美しさを感じ取る」ことだと考える。「造形的なよさや美しさ」は見て分かりやすい「形」「色彩」を切り口にしたい。

　例えば，実践例15「今も生きているよ」（174ページ）では，伊藤若冲の「鳥獣花木図屏風」を扱っている。ここで扱われている架空の動物の「形」に着目させる。そのための鑑賞の活動としては，シルエットで形の面白さに気付かせる。この場合，シルエットでまず部分に着目し，屏風という形の全体に生徒の関心を広げている。

　屏風絵の授業の場合，教科書の図版を，屏風のように立ててみたり，コピーをしたものを，実際の6曲1双の屏風のように，折ることによって絵の奥行きや形の変化の面白さに気付かせたりする。

　また，屏風で創り出す，光が影響する色彩についても気付かせることができる。ここでは，光の影響を受ける色彩と，西洋絵画印象派の多くの画家たちが競って光を表そうとした，8万6千個のマスの色彩の変化によって，立体感や奥行きを出そうとした方法を見取ることができる。また，同じ「赤」でも様々な絵の具を使い，「赤」という一つの言葉だけでは表現しきれないほどの色で画面を構成している。それが表現の工夫であることに気付かせたい。

　また，これらの気付きを発表したり，グループを作って話し合うことで，自分一人では気付かなかった点や，言葉で表現するために，言葉を選択する中で，さらに作品のもつ美しさをじっくりと鑑賞しようとする態度も生まれてくる。

　発展として「作者の心情」や「表現の意図」などについては作者の経歴や，思い，思想を調べることで，さらに実感の伴った理解ができると実践した結果が報告されている。

　この実践例の場合は，実物大レプリカを用いて，鑑賞の活動を行った。実物大の屏風状のレプリカを用いることで，動きをつくりだして，屏風という空間を操る装置についても鑑賞を行うことができた。

この実践例の場合,地域の中学校の教師が実物大コピーのできるソフトウェアを利用して,実物大屏風を自分たちで制作し,各校持ち回りで鑑賞の活動に使用している。

収蔵品の実物大レプリカの屏風絵を貸し出す取組をしている美術館も増えてきているので活用していきたい。

第1学年でも,屏風絵の鑑賞の活動は,見方の切り口を理解できれば,生徒にとって関心をもてる活動である。

小学校であまり経験のない屏風絵の鑑賞の活動では,造形作品としての「絵」からよさや美しさを感じることとともに,「屏風」が風や光とともに仕切られた空間を創り出す機能をもつことを理解する。

その上で,屏風を立てることで異空間を創り出す装置であるという「目的や機能」をもっている上,そこに「絵」が描かれていることで,「目的や機能と調和のとれた美しさ」をも堪能することができる。

(2) 生活の中の美術の働きや美術文化についての見方や感じ方を広げる活動

実践例15は,鑑賞ア(ア)(イ)を指導できる題材である。それとともに,

> イ 生活の中の美術の働きや美術文化についての見方や感じ方を広げる活動を通して,鑑賞に関する次の事項を身に付けることができるよう指導する。

の中の(イ)日本の「美術文化について」についても学ぶことができる。

ほとんどの小学校では,浮世絵の鑑賞の活動を行っている。「鳥獣花木図屏風」を描いた若冲は18世紀中期の作者であり,生徒が今まで学んできた浮世絵の作者と同時代の作者であるという共通性を学ぶことができる。知識として江戸時代の美術文化について学ぶことができ,浮世絵との共通点は省略,強調がされていることであり,その方

法を使い架空の動物や鳥などが描かれていることに気付かされる。

　また，登場する動物のデフォルメはユーモラスで，鑑賞していると，ひとりでに笑みがこぼれる。

　これらは第2学年及び第3学年のA表現(1)ア(ア)「単純化や省略，強調……などを考え，創造的な構成を工夫し，心豊かに表現する構想を練ること」につながる。表現の活動と鑑賞の活動を一体化し，続けて扱うことで，生徒は鑑賞の活動で身に付けた見方・考え方を，発想・構想に生かすことができる。

(3) 身の回りにある自然物や人工物の造形的の造形的な美しさ

> (ア) 身の回りにある自然物や人工物の形や色彩，材料などの造形的な美しさなどを感じ取り，生活を美しく豊かにする美術の働きについて考えるなどして，見方や感じ方を広げること。

　今回の改訂で大きく変わった表記は，「美しさ」という言葉が増えたことと，「身の回りにある自然物，人工物」というように，「自然物」「人工物」という言葉が初めて使われたことだと考える。

　これまでも，「自然の造形」は使われていたが，身の回りにある自然物そのものが，美しさの対象となっている点は，指導をする教師にとって，大変重要なことだと認識したい。

　「身の回りにある自然物や人工物の形や色彩，材料など造形的な美しさを感じ取り」とは，普段は何気なく見過ごしているものを，美しさの対象にしようということだ。

　学校まで続く道も，あるとき突然，美しい道になることがある。

　モンゴメリの『赤毛のアン』を読んで小道や森にキラキラする名前をつけて歩くのを知った生徒が，自分も同じことをしてみようと思って見た花，なま温かい風が吹いてきたときに見上げた木のてっぺん，身近な自然や，自然現象，町の駅のモニュメントに気付いたとき，

「これを美しい」というのだと生徒は思うだろう。

　今回の改訂では，「美しい」と感じる対象が広がり，増えている。

　特に強調されているのが，「身の回りにある」「生活を豊かにする美術の働き」という言葉である。

　鑑賞の活動は特別のものではない。このことを美術の授業を通して是非実感させていただきたい。

　生徒が就きたい仕事に新しく加わったものに，「ゲームデザイナー」がある。多くの生徒が楽しんでいるテレビゲームも，動く原理は，数字と文字の羅列だ。その無味乾燥の動きに，登場人物や，登場物に性格を与え，形づけるのが「ゲームデザイナー」である。登場人物のかわいらしさや映像表現の美しさが，ゲームの内容より話題になることがある。

　ゲームを筆頭に，生徒の身の回りにはデザインされたものが当たり前のようにあふれている。「デザインされているものってなあに？」と聞くと「多すぎて答えられない」と答えるだろう。

　あふれているデザインから，私たちは「目的や機能」に合致しており，使いやすく，丈夫で安全で，調和のとれた美しいものを選んで，将来身の回りに置きたいと，将来考える生徒の育成をしなければならない。

　その選択をするための視点をもてるようになることが資質・能力の育成である。

　日常の中で「美しい」ものは「美しい」と口に出して，価値を理解させることが重要である。小さな子供が何でも口に入れてみて，食べられるものと，食べられないものとを判別するように，意見を交換し，他人の意見を聞くことで，自分にはなかった視点ができ，見方，考え方を広げることができ，「美しい」を意識できるようになる。

(イ)　身近な地域や日本及び諸外国の文化遺産などのよさや美しさなど

> を感じ取り，美術文化について考えるなどして，見方や感じ方を広げること。

　身近な地域でのお祭りの屋台や神輿なども，工芸品としての技術を集めたものであったりする。美術文化として，連綿と伝承されてきたものであり，また次世代へ引き継ぐものである。
　日本ばかりでなく，日本に強い影響を与えた韓国や中国はもとより，そのルーツのアジアの国々の文化遺産を知ることも，見方・考え方を広げられることになる。
　〔共通事項〕「A表現」及び「B鑑賞」を共通する視点をもち，指導を通して身に付けさせたい。

3　内容の取扱い

　今回の改訂では，各学年ごとに，内容の取扱いが置かれた。
　第1学年では，内容に示されている各事項の基礎としての定着を図ることが重視され「全ての内容が学習できるように」と明記されている。
　表現及び鑑賞における基礎となる資質・能力が身に付くように，「描く活動」「つくる活動」をいずれも扱い，鑑賞では「美術作品など」「美術の働きや美術文化」に関する学習の全てを網羅し，定着させる。そのためには，3年間で指導することを見通し第1学年では短時間題材で様々な学習を関連付け指導することが望ましい。例えば，色の学習をし，その色を切り口に鑑賞学習をし，関連付けて描く活動の導入にしたり，立体につくる活動につなげるなどである。
　それとともに，言語活動の充実を図ることも求められており，アイデアスケッチとともに，連想する言葉で発想・構想を練ることなども重要になり，ワークシートやアイデアカードの工夫が求められる。

第3節 第2学年及び第3学年

1　A表現

(1)　A表現(1)について

「A表現」(1)はアとして,感じ取ったことや考えたことを基に「絵や彫刻など」に表現する活動を通して,発想や構想に関する事項を身に付けることができるように指導することとともに,イとして,伝える,使うなどの目的や機能を考え,「デザインや工芸など」に表現する活動を通して指導する。

第2学年及び第3学年では,生徒の発達を考え,第1学年における身近な事物や自然に加え,一層表現活動を発展させる。

今回の改訂では,生徒の発達を捉えることが重視されている。今までも図画工作科,美術科では,発達を意識した主題設定や指導を求めてきたが,授業実践の際に,強く意識し,考慮してきたとはなかなか言い難い傾向も見受けられた。

今回の改訂では,発達を考慮する重要さが各教科で言われていることから,美術科でも今までにも増して考えていきたい。

ア(ア)は,一人一人が,感じたことや考えたこと,「心の世界」などを基に主題を生み出す。

夢や想像や感情は,対象や事柄を自分で深く考え,自分の世界観を作り上げることを支える。

心の中に深く考えたことを,色や形で表せるように構成し構想を練るようにしたい。

例えば，自然を対象とした風景を主題にした「風景画を描こう」という題材で風景画を描くとしても，指導者が第１学年と第２学年及び第３学年では，「発達」を意識させ，描き出されるものを大きく変える必要がある。例えば，「夏の風景を描こう」という主題で風景画を描かせようとする。

　第１学年では「夏の風景」が主題であると，「自然そのものの美しさ」を色や形を工夫して表現させる。

　しかし，第２学年及び第３学年での風景画を描く表現については，「発達」を考慮して取り組ませる。

　実践例１「私の心の風景〜学校生活を描く〜」（114ページ）を取り上げて考察する。

　この実践例で表現させる風景は，卒業を前に自分が３年間を過ごした学校内の風景である。

　中学校３年間を過ごした学校に，副題として「学校生活を描く」が設定されている。

　生徒にとって，３年間に様々な事象があった。自然の営み，春の入学式のときの満開の桜，やっと友達ができたときの校庭の若葉，慣れてきた部活動の最中に，校庭を吹いていった一陣の風。そして頬を切る寒さを耐えた朝練で見つけた霜柱。一つ一つのエピソードに自然の営みは，色や形，イメージを与えてくれる。第３学年ではこれらの自然の営みに加え，３年間の自分自身を見つめたことを題材としてみよう。窓から見える景色の中にも，辛いこと，楽しかったことを思い出し，友達との会話が主題となることもある。

　実践例では「部活中いつも見ていた景色，椅子に座って覗き込むあかね色の空」を主題にスケッチをされている。１年生が描く体育館は，風景として，自然の中に存在するように描かれるが，卒業間近の３年生が描く体育館は，同じ体育館が描かれていても，背景の空の色は，夕焼けに染まるあかね色の空である。

そして，体育館の中には，それを見ている私がいる。私は，いつものように部活動が終わり，最後のミーティングにそれぞれの生徒が椅子に座り円形になって今日の反省を話している。開け放たれたドアからは夕焼けの色が差し，逆光になった友達の背景を染めている。それを遠くから俯瞰している自分がいて，「今日もうまくいかなかった」と反省している自分は体育館の中にいて，体育館を描いた景色の中には描けないが，あかね色に染まった体育館の白っぽい壁を描いているとその中に，自分や友達はしっかり存在している。見えていない自分や，この体育館の中でボールを持って走り回った３年間を描こうとしている。

　風景という自然を描きながら，心の世界の主題を作っているのである。

　それとともに，単純化や省略，強調など材料の組合せを考えることが述べられているが，これは第２学年及び第３学年の発達を考えた表現の大切な構成要素である。

　単純化とはものの形の本質的で基礎的な要素を取り出して表すことであり，省略というのは中心として必要な要素を残し，それ以外のものを省くことである。

　強調とは，形を強く表し，色やイメージでも，見てはっきり分かる形にすることであると考える。美術科の表現活動では，何を省略し，何を強調するかが構成をする上でも重要なポイントになる。

　この際，単純化や省略，強調は構成も考え，スケッチを繰り返すなどして試行錯誤を繰り返すことが大事である。

　今はICTを活用し，構成を繰り返しシミュレートしたり，単純化や省略も要素として描画ソフトに入れてしまうことも簡単にでき，自分が納得するまで，何度も色や形に変化を加えることができる。またそれらの取組から色や形の組合せを新たに発見をすることもできる。

　立体作品などでは，デジタルカメラを利用し，全体のバランスや影

になり見えにくいところを撮影して,俯瞰したり,鳥瞰する方法も容易に理解させることができる。

実践例2「大人になった自分への手紙」(118ページ)では,「自画像」を描くに当たって,「今の自分」が「10年後の自分」に宛てた手紙として自分を描くことを主題としている。そこには,自分の顔を形や色だけを見て描くのではなく,「10年後の自分が励まされるような今の自分」を見つけて描くことを求めている。

今の自分の内面を深く見つめて,考えて描くことも必要であり,10年後の自分を励ますことのできる今の自分らしさを強調し,それ以外の場面を省略してしまうことで主題に迫ることができる。

イでは伝える,使うなどの目的や機能を考え,デザインや工芸などに表現する活動を通して指導することが言われている。

特に今回の改訂では(ア)目的や条件などを基に,(イ)伝える目的や条件などを基に,(ウ)使う目的や条件などを基に表現の構想を練ることができるように指導すること,とされている。

特にここでは(ア)(イ)(ウ)の三つの事項全てに「社会との関わり」という言葉が使われていることは特筆すべきである。

第1学年から発達を考え,第2学年及び第3学年では,生徒が社会性や客観性を意識できるようになっている点を配慮することが重要である。

特に今回の改訂で明記されている「社会との関わり」について考えたい。

(ア)では第2学年及び第3学年においてはより多くの他者を対象としていることに気付かせる。生徒には,用いる場面や環境も社会性や客観性を意識できるようにしたい。

デザインという考え方が多くの人々に認知され,社会的に必要な表現活動であることは日々の生活の中で生徒が気付いていることである。

鑑賞の授業との関連を図りながら指導したい。

(イ)では「伝える目的や条件」を基にし，表現の構想を練ることとされている。

「伝える目的や条件」では伝える必要性を感じられ，その働きかけを主体的にしてみたいと思うことが重要である。

そのためには主題が生徒にとって身近で，なお社会との関わりをもつ学校の周りや地域の人々に目を広げられるものにしたい。実践例7～9を基に考える。

実践例7「私のジャポニズム」(141ページ)では，生徒は3年間をかけ，鑑賞としての「日本の伝統美術・工芸」に触れてきている。国際空港に近い学校であることから近隣の商店では日本的なものが売られていることを身近に見ている。その生徒たちに世界に誇る「ジャポニズム」を理解させ，自分が日本を発信する商品を開発するという主題で，表現活動を行う。

この場合に言えることは，「国際空港に近い」という学校の立地である。デザインに対する興味は，日々の生活の中で目にしていることに大きく影響をする。色鉛筆によるスケッチで終わらせていることも，考える楽しさを重視し，プレゼンテーションをするための資料づくりの能力の育成につながっている。

この他にも，お茶の産地に近い学校では，抹茶を使ったお菓子のパッケージについて考えさせることもできるし，道の駅の特産品づくりに参加することもできる。地下鉄が多く乗り入れている都心にある学校では地下鉄の乗り換えの分かりやすい案内表示を考えることが，困っている旅行客を見かける生徒にとって大きな関心をもつことでもある。

地下鉄路線図

しかし，地下鉄の走っていない地域で，地鉄路線図のデザインの使いやすさや色の表す意味を作例としても，生徒には興味も関心もわかないことになる場合も考えられるので十分な説明をする必要がある。このように生徒と社会との関わらせ方には工夫が必要である。
　実践例9「スーベニア　タンブラー」（149ページ）は，実践例7と同じように，生活の中にある「日本の伝統や文化」について関心をもたせ，考えさせるところから導入する。主題を「外国人が旅の記念としてお土産にしたくなるタンブラー」としている。そして，作品を説明するポップカードを付けて地域で展示会を開く。そのことにより，生徒一人一人にも地域社会への帰属意識をもたせることができている。
　㈾では「使う目的や条件」などを基に，使う人の立場や機知やユーモアなどから表現の構想を練るとされている。
　実践例8「柳生和紙の魅力を伝える」（145ページ）は，使用する人や場所を限定し，ランプシェードを作る。その際，柳生和紙の魅力を充分に発揮させる。「ランプシェードを作る」ことが目的ではなく，「魅力を伝える」ことが主題である。この実践例では全員がランプシェードを作成したが，「誰に」「どこで」「どのように」伝えるかが明確であれば，ランプシェードではない表現になることも考えられ，主題の設定の仕方により，生徒が主体的に表現活動に取り組む可能性を秘めている。
　また今回の改訂では「機知やユーモア」という言葉が使われている。使いやすさなどの機能一辺倒に思われがちなデザイン，工芸の中に遊び心で多くの人々の心を和ませることができるという視点の指導は，題材を探すに当たっても難しいと考えがちである。
　しかし，形の変わるカードづくりや飛び出す絵本，イタリア製品などに見られる擬人化した台所用品など，身近において「クスリ」と笑ってしまうものもある。生徒にはデザインを考える，一つの視点と

して与えたい。

　また，ユニバーサルデザインについても今後ますます欠かせない視点である。ユニバーサルデザインを当たり前であると考えられる生徒の育成を図る。

(2)　A表現(2)について

　「A表現」(2)は(1)ア，イに関わらず自分の表現を具体化するために，表現の活動を通して材料や用具の特性を生かして，自分の表現方法を工夫するなど，創造的に表す技能に関する指導内容を示している。

　第１学年で経験して身に付けた技能に加え，第２学年及び第３学年ではさらに自分が発想し，構想したものを形にする技能を身に付けさせることが求められている。

　実践例4「動け！　オノマトペ」（127ページ）の漫画やイラストを使って主題を表現する方法，実践例13「手ぬぐいのデザイン」（165ページ）のように，布を表現の媒体として使い，インクも布用スタンプを用いて，染色をする。

　実践例14「卒業記念共同制作」（169ページ）では共同制作により，敷地外周を彩る，材料や用具の特性を考慮した表現活動による色や形，イメージがもたらす公共性を理解することができた。

　実践例12「プロジェクター・プロジェクト」（161ページ）では「地域への呼びかけメッセージ」をポスターで表現し，校舎の外に貼り出すとともに，映像を用いて表現し，夜間は校舎の壁面に，パブリックアートとして投影することにより，近隣に対してさらに強いメッセージを送ることができた。また今後の発展として，より広い範囲の人々への映像投影に取り組むことで，制作の順序などの幅を広げることが考えられる。

　上記の実践例から考えられるように，表現の材料，用具，媒体が近年，ICTの急激な変化により大きく変化していることが分かる。技能に関する資質・能力を育成するに当たっては第２学年及び第３学年

で，様々な体験をしておくことにより，基礎的な力となり，将来的に充実したものとすることができる。

生徒が主体的に創意工夫し，発想したものを技能として保障し，発展させられるよう教師は常に研鑽を積むことが求められている。

2　B鑑賞

(1)は，「ア，イを通して造形的なよさや美しさ，目的や機能との調和のとれたよさや美しさを感じ取り，鑑賞に関する資質・能力を育成する」とされている。

「ア」の項目においては，第2学年及び第3学年では多様な視点から絵や彫刻，デザインや工芸の作品や，製品，友人の作品などを鑑賞して，第1学年での既習事項を基に，さらに深く作品と向かい合い自分の考えをもつ。そして根拠をもってお互いに批評し合い，コミュニケーションを取ることで，影響し合い自分の考えをより深めていくことが求められている。

今回の学習指導要領では美術科ばかりではなく，言語活動の充実が今まで以上に求められており，鑑賞の活動で行われる「根拠をもって批評し合い，意見を交流してコミュニケーションを取ることのできる資質・能力を身に付けさせること」は，まさにこれからの生徒の生き方として本当に大切にしなくてはならないことである。

造形作品や製品は形になっているもので，誰にも共通に認識しやすいものである。

実践例16「なりきりマグリット」(178ページ)，実践例18「わたしの阿修羅」(186ページ)に見られるように，作者が描いた作品や制作した作品を学級で一緒に見合うことで，同じ土俵で，感じ合うことができている。

この実践例にあるように，たとえ複製画や教科書の中の絵であって

も，学級という多くの仲間，生徒と同じものを鑑賞し，その中で自分の考えをもち，さらに生徒同士で発表することを経て，自分一人では気付かなかったこと，感じなかった作品のよさを発見することができる。また，作者の心情や，表現意図，創造的な工夫などについて考えたり，知識として調べたりすることで，一層深く鑑賞することができる。

　これらの実践例では，それらの感動や思いが表現の学習のイメージを膨らませることになり，創造への意欲につながっている。

　生徒が制作し，完成した作品の制作意図を明確に文章で表し，生徒が互いに鑑賞し合うことで，表現意図や創造的な表現の工夫などを感じ取ることできるとともに，再びマグリットの作品や阿修羅像を今までとは違った視点でさらに深く鑑賞しようとすることも考えられる。

　鑑賞活動と表現活動の一体化の経験は，美意識を高め，今後将来にわたって見方や感じ方を深めていくことにつながると考える。

　「イ」の項目は，今回の改訂で，項目化されたものであり，「生活や社会の中の美術の働きや美術文化についての見方や感じ方を深める活動を通して，鑑賞に関する次の事項を身に付けることができるよう指導する」と明記された。

　現行の学習指導要領には「生活を豊かにする美術の働きについて理解すること」と示されていることから考察し，今回は，社会の中での美術の働きや美術文化が大きく取り上げられていると考える。

　グローバル化が進み，世界中様々な国や地域を見たときに，言語でコミュニケーションを取り，交流をするのが難しくても，絵や図を利用したならばコミュニケーションを取ることが可能である。世界には，文字をもたない民族・部族はあるが，絵を描かない民族・部族はないと言われている。

　教育について学ぶ大学生に，世界の識字率の話をし，「文字を知らない大人に『この液体は，飲んでも害はない』と伝える方法を考えな

さい」という課題を出したときに，40人の学生全員が液体を飲んでいる絵を描き始めた。にっこり笑って飲んでいる姿だったり，○を大きく付けたりした。

項目「イ」では，世界はグローバル化したが，これからの社会では絵や図をはじめ様々な造形的な作品や製品は，大きなコミュニケーションツールであることを世界の人々が知り，生活の中でなくてはならないものになっていることを，美術科の鑑賞の学習で生徒にしっかり指導する必要があることを強く主張していると考える。

イ(ア)は生活していく中での環境について考えさせ，人間が自然という環境の中で共生していくこと，そのときに人工的な造形物と自然が「美しさ」という共通の価値で並立していくことの重要さを学習させたい。

これからの生徒が活躍する場は，世界である。

実践例19「1964東京オリンピックポスターの鑑賞」（191ページ）を通してポスターとしての美しさ，力強さを感じるのは勿論，ポスターとしての伝達力や「デザインワーク」がもつデザイン力も感じ取らせている。

例えば資料として挙げられた「ピクトグラム」を通して生活の中で生きて使われる美術の働きを感じ取ることができることで，生徒は，机上論ではない鑑賞の活動を体験することになる。

(イ)は日本の文化の根底に脈々と受け継がれてきた，日本や日本人の美意識や，アジアの文化を歴史という濾過器を使って，「水墨画」や「琳派の障壁画」など，日本的と言われる独自の表現活動に変えてきた知恵を理解させる。鎌倉・室町時代の中国の水墨画や現代中国の水墨画と日本の水墨画を対比する鑑賞の活動をすることで，世界の中の日本であることに気付き，それを伝承していこうとする意欲を育て，その美意識や知識を視点に，国際理解や諸外国の美術文化についても

積極的な理解が重要であることを考えさせたい。

　また，日本の伝統文化が担ってきたものに自然に対する強い美意識がある。自然の広い世界を庭に表現した，石庭や生々流転を表現する枯山水の庭園は自然と共にある創造的な造形物である。まるで自然そのものように見えるしたたかな造形物である。

　ある発展途上国を開発するに当たり，森に道を通すことになった。ある国は支援として木々を伐採し，まっすぐな道を付けた。むき出しになった赤土の道路は緑の森へ一直線を描いていた。

　日本が支援をした道路は，木々の間を縫うようにつけられ，遠く森を見ると，そこに道があるようには見えなかった。今まで森を大切にしてきた国の人々は，日本が作った道路を大変喜んでくれている。

　日本人は長い年月をかけて伝統文化として自然と共存することを大切にしてきた。

　それは，自然そのものを愛する，お花見，蛍狩り，紅葉狩りなどの行事。風鈴，月見台，雪見障子など自然の風や色，光を感じる装置。

　そして，自然そのもののように見えて計算し尽くされた日本式庭園。それらのものが醸し出す美意識が前述の森の自然を大切にする道路建設につながったと考える。

　実践例20「『風神雷神図屏風』を鑑賞し，日本の美術のよさや美しさを味わおう」（195ページ）は，日本独自に発達した屏風絵や金箔を使用した表現のよさや美しさ感じ取り，美術文化の継承について考えるなどして，それらの見方や感じ方を深める鑑賞の活動である。

　特に原寸大のレプリカを使って，屏風が実際の部屋の間仕切りとして使われ，座って暮らす，薄暗い生活の中で向き合う実物大の作品からの迫力を感じさせたい。

　また，屏風がもつ凹凸の面で作る陰影による表面の絵の色や形，構図と共に金箔に与える光の影響についても考えさせたい。

第2学年及び第3学年の〔共通事項〕では，第1学年において身に付けた資質・能力を柔軟に活用して，表現及び鑑賞に関する資質・能力をより豊かに高めることを基本としている。

鑑賞の活動においては，〔共通事項〕について効果的に指導を行い，新たな視点を与えることも，視点を広げることにつながる。作品のよさにさらに気付くこともできる。特に美術文化に関する鑑賞では，作風や様式など文化的な視点で捉えることにより，諸外国や日本の美術文化の時代や制作背景がより顕著になり，見方を深めることも考えられる。

3 内容の取扱い

第2学年及び第3学年の表現及び美術の指導に当たっては，
(1) 第1学年において身に付けた資質・能力を柔軟に活用して，第2学年及び第3学年の発達に考慮し，内容や時間数を検討する
(2) 〔共通事項〕に示す事項を視点に言語活動の充実を図る
(3) 「B鑑賞」のイの指導に当たっては，日本の美術の概括的な変遷などを通して，各時代における作品の特質，人々の感じ方や考え方，願いなどを感じ取ることができる

ことを配慮するように，今回の改訂では項目が改めて起こされている。

(2)の言語活動の充実については，今までも述べてきたように，全ての教科での重点項目として挙げられていることから，美術の鑑賞の活動では指摘されている点を踏まえ，特に文章化したり根拠をもって討論したりする方法に取り組みたい。

(3)については，作品の鑑賞をまず，よさや美しさを感じ取ることに主眼を置き，各時代の相違点や，特質を感じ取らせながら，日本美術の時代的な流れについて大まかに捉えさせたい。

知識として通史としてだけの覚えることを目的とするのではなく，自ら興味をもった美術作品について主体的に調べ学習を行い，掘り下げて，他の教科の興味・関心につなげるように配慮したい。

特に第3学年については，美術の表現・鑑賞活動ともに，学校で学ぶ最後になることも考えられる。生涯にわたって日本の伝統文化継承の担い手となることに誇りをもたせる鑑賞活動をさせることに留意したい。

第4章

「主体的・対話的で深い学び」を実現する授業づくり

第1節 資質・能力を育む題材の視点

1　意欲を高める導入の工夫

　指導を通してどのような資質・能力の育成を目指すかを明確にし，教育活動の充実を図ることが求められ，「学びに向かう力」が改めてクローズアップされてきた。美術の学習は，主体的に活動し学ぶ場面が多く，そうした主体的な学びによって育まれる資質・能力が美術教育の本旨であるので，意欲を含む「学びに向かう力」が不可欠である。

　学びに対する意欲を高めるためには，導入など学習活動の初期段階がポイントとなる。生徒の意欲は，学習活動に対して魅力を感じ，見通しが立つことによって高まると考えられる。

　「題材や活動の魅力」「活動の見通し」生徒のイメージの中にこの二つが醸成されれば，「学びに向かう力」としての意欲が高まると考える。醸成という言葉で表現したのは，この魅力や見通しが生徒のイメージの中に形成されるまでには時間がかかるからである。

　導入の説明を聞いた後，生徒は発想しアイデアスケッチに入るまでかなりの時間を要する。この時間は非常に大切な意味をもっており，生徒たちはこれまでの経験や様々な思いを混沌としたイメージの中から造形的な視点で整理し，新たな表現にまとめようとしているのである。もし，教師の説明が終わるや否や制作に取りかかれるような授業だとしたら，それは，生徒の主体的な学びではなく，教師の意図に従っただけの活動であることが多い。

私は，新しい学習活動に入る前の週に導入をすることを勧めたい。前の週に次の学習の概要を知ることによって，生徒は自分なりのアイデアを時間をかけて醸成させることができる。教室での時間と違い，自分一人で考える時間や必要な準備もでき，自分なりの見通しをもって授業に臨むことができる。

　「題材や活動の魅力」については，第5章の実践事例を参考にしていただきたいが，ここでは，一つ具体的な例を挙げて，生徒が作って使いたいという魅力を意欲に結び付けた短時間の題材を紹介したい。作る動機の一つには，「そのものが欲しいから」「作らなければ手に入らないから」という素朴なものがある。この題材は，生徒が入学して間もない頃に計画するとより効果的である。

●題材名「かっこいい名刺」（2時間題材）

　中学生は一般に「大人っぽさ」に憧れ，「名刺」という1枚のカードを大人っぽくてかっこいいと感じる生徒が多い。また，「かっこいい」という価値は，いろいろな工夫ができる幅をもった価値である。

　名刺は通常の大きさ（90 mm×55 mm），片面のみ印刷，色は白い紙に黒のみ。名前は必ず入れるが，他の個人情報やイラストなどは自分の判断に任せる。これは，学校のコピー機で，1人10枚印刷することから制約される条件である。学校にカラーコピー機がある場合は，色を自由に工夫させることもできる。文字の書体や大きさは，パソコン室のパソコンでいろいろ試しながらレイアウトとともに決定し，名刺大の紙に貼り込んで1枚の原稿を制作させる。これを教師が翌週までに，A3の紙にていねいに貼り，厚口の上質紙で10枚コピーしておく（A3の紙で20人分の名刺が一度にコピーできる）。翌週は，生徒が手分けしてカッターで切り分け，1人10枚ずつの名刺を手にすることができる。その後イラストに色をつけたりすることは自由である。学年集会の中で，「名刺交換会」を行い，自己紹介しながら名刺を交換する時間を取ったところ，中学生になったばかりの生徒たちは，と

ても楽しそうに過ごし，友達の名刺を大切にしていた。

　この「名刺づくり」の実践は，名刺という中学生にとっては魅力あるグッズを提示することによって意欲を高めようとした例であるが，「見通し」もまた，意欲を高める重要な要素である。この「見通し」とは，「自分でやれる」「こんな作品にしたい」といった肯定的な見通しのことである。制作に入る前に，小さな紙などで練習あるいは試作をさせる時間を設けるだけでも緊張感から解放し，完成の見通しをもたせることができる。

　また，中学生の時期になると，描画表現の「上手い下手」を気にするようになってくる。「そっくりに描けない」というようなコンプレックスから美術の表現全体に苦手意識をもつようになる生徒も多い。そのような場合は，偶然性を加味した表現，例えば，ドリッピングやデカルコマニーなどを制作に取り入れることによって，描画以外でも個性的なよさや美しさが追求できることを実感させることもでき，表現への自信を回復させる手掛かりとなる。

　このような偶然性を生かして個性豊かな作品制作ができる題材を一つ紹介したい。

●題材名「墨のコラージュ」（4時間題材）

【第1時】「墨で遊ぶ」

　書写で使う毛筆のセットを持参させ，教師は，書写用の半紙を二分の一に切ったものをたくさん用意する。それを使い，生徒は，淡墨や濃墨，かすれやにじみなど墨の色や感触を楽しみながらいろいろな墨の色紙を作っていく。いわば半紙を使って墨で「カラートーン」（以後，「墨紙」）を作るのである。少なくとも1人10枚，あまり深く考えず楽しみながら作らせるのがコツである。出来上がった「墨紙」は，新聞紙などに挟んで乾かしておく。

【第2時】「墨色からの発想『冬の森』」

　前時に作ったたくさんの「墨紙」をハサミで切ったり，ちぎったり

して四つ切画用紙に並べながら,『冬の森』のイメージを形にしてみる。このテーマは自由にさせてもよいが,『冬の森』というようなテーマを示した方が,その中で発想や構想がしやすいと考えた。

【第3・4時】「墨のコラージュ制作と鑑賞会」

薄く溶いた糊(でんぷん糊)を使って各自が『冬の森』のイメージに「墨紙」を貼りこんでいく。自分の使わない「墨紙」は,美術室の一か所に集め,そこにある「墨紙」は,だれでも自由に使えるようにしておくとよい。この時間は,「冬っぽい感じだね」「その墨紙,少しくれないかな?」などといった会話も生まれ,和やかな雰囲気になることが多い。互いの作品を鑑賞し合う時間を取ることも意義がある。

この事例のもう一つのねらいは,墨という日本の伝統的な材料を使い,その多様な色彩のよさや美しさを実感として味わえる点にもある。

2　表現と鑑賞の融合した題材

表現と鑑賞を融合させた題材について述べよう。第5章の実践事例の中にもいくつも見られるが,本来,造形活動においては,表現と鑑賞は表裏一体となっている。

第1章で,これまで鑑賞を中心とした授業が積極的に行われてこなかった実態があると述べた。この実態は改善されつつあるように感じるが,教科書だけではなかなか実感を伴った鑑賞の授業が難しいといったことも理解できる。

美術の鑑賞で大切なことは,生徒一人一人が鑑賞の対象に自分なりの実感を伴って触れ,深く味わえるようにすることである。そのための工夫を2例紹介したい。

●題材名「描くことによって見る『阿修羅像』の鑑賞」　(1時間題材)

阿修羅像は多くの教科書に扱われている。できるだけ実物大に近い

第4章 「主体的・対話的で深い学び」を実現する授業づくり

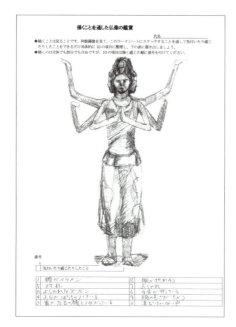

写真1　阿修羅像のワークシート

国宝「阿修羅像」の写真を生徒のよく見える位置に掲示し、教科書などで概要を解説した後、ワークシート（写真1）に阿修羅像の写真を見てスケッチをさせる。全体像でも部分的なスケッチでもよいが、その際スケッチしながら気付いたことを短い文章でメモするようにする。

この題材は、スケッチに描くこと自体ではなく、描くことによってよく見ることをねらいとした。「顔が赤い」「悲しそうな顔」「腕が細い」など、描くことによって気付いたことを書き出すうちに、実感を伴った鑑賞の授業になった。

二つ目の例は、映像資料を活用した工芸鑑賞の授業である。

●題材名「疑似体験によって深める『螺鈿工芸』の鑑賞」（2時間題材）

工芸の鑑賞は1枚の図版だけではなかなか実感を伴って鑑賞することが難しい。この授業では、市販されているDVD映像を活用した。美術教育用として制作され、文部科学省特選に選定された作品などは、美しくていねいに制作されており、授業で活用することにより制作の工程や作者の作品にかける思いなどもよく理解できる。

螺鈿は、漆作品の表面に貝を埋め込む我が国の伝統工芸の一つであるが、そのよさや美しさを深く感じるためには、制作方法を映像を通して間近に見ることは極めて効果的である。螺鈿制作のDVDを約30

分視聴した後，ワークシート（写真2）に螺鈿の疑似体験をさせた。テーマは，DVDの中で作者が表現していた空想の鳥「はなくいどり」とした。生徒は，自分なりの「はなくいどり」を漆に見立てた黒い紙に，細かく切ったフォログラムシートを貝に見立ててコラージュしていくのである。フォログラムシートは，シール状になっているため，手軽に貼ることができ短時間で螺鈿の疑似体験をすることができた。このコラージュ自

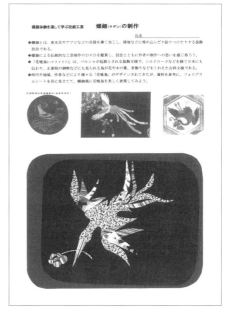

写真2　螺鈿のワークシート

体は，表現の学習であるが，全体としては螺鈿の鑑賞と位置付けた。鑑賞と表現の融合である。

　ここで，DVDの視聴をベースとして進める鑑賞の授業について触れておきたい。電子黒板やパワーポイントなどが手軽に使えるようになった教室環境を考えると，映像による鑑賞は極めて有効な鑑賞学習のツールとなる。特に工芸制作や伝統木版画の制作のような途中経過や専門技法などを見ることが，作品理解を深めることにつながる題材では，完成された実物を鑑賞するのに匹敵するか，あるいはそれ以上の教育効果をもたらすものである。全ての教材用DVDを視聴したわけではないが，何本か視聴してみて少なくとも文部科学省特選に選定されている作品なら内容的に優れていると考えてもよいと感じた。

3　自ら考え自ら決められる主体的な活動

　具体的な事例を挙げながら「主体的・対話的で深い学び」を実現する授業づくりについて述べてきたが，どのような題材にせよ，その授業が，生徒が「自ら考え自ら決められる主体的な活動」となっているかということが重要で，授業チェックのポイントとなる。

　では，「自ら考え自ら決められる主体的な活動」となっていない授業とはどのようなものだろうか。市内の中学校が合同で美術の作品展を開催していることがあり，そのような会場の展示を見るとそれぞれの学校の指導がよく分かるものである。他校の生徒や保護者も見にくる作品展なので，完成度の高い作品を展示したいという気持ちは理解できるが，あまりにも似かよった，無個性とも言える作品が並んでいることがある。

　例えば，「修学旅行の思い出」という題名で，黒い八つ切り大の紙に一般多色刷りで京都や奈良の風景が表現されて並んでいる学校があった。指導者の話では，修学旅行で買ってきた絵葉書の中から生徒が好きな風景を選び，コピー機で拡大して原画にしたそうである。どの作品も構図などのバランスがよく，完成度も高かったが，そこからは生徒一人一人の作品に込めた思いや表現の工夫などは見えず，ただ同じような絵葉書の風景が並んでいるだけであった。

　また，別の学校では，工芸の作品として掛け時計を展示していた。ミッキーマウスやクマのプーさんなどのキャラクターやサッカーボール，花模様などが文字盤に描かれた「同じ時計」が壁面を埋めている風景は，美術作品展とは思えない異様さであった。

　生徒が静かに集中し，同じ時間で仕上げられる。失敗する生徒が少なく生徒も楽しそうに「作業」している。そんな理由から美術の授業に取り入れているのだとは思うが，はたして「作業」になってしまっ

た美術には，どのような意味があるのだろうか。少なくとも「自ら考え自ら決められる主体的な活動」ではない。教師は，授業が生徒の「主体的な活動」となっているかを常にチェックしなければならない。

「主体的・対話的で深い学び」を実現するためには，教師は，授業の中で生徒一人一人が，真剣にしかも楽しみながら自己決定をする，「自ら考え自ら決められる主体的な活動」が成立するような題材を設定し，その活動の中で，生徒の気付きと試行錯誤，主体的選択と決断等がなされるような授業を工夫しなければならない。

4　達成感と成就感の味わえる題材

達成感や成就感も美術の活動が好きになり，次の活動への意欲を高めるために大切なものである。しかし，全ての生徒にこうした気持ちを味わわせることはなかなか難しい。中学生の時期になると，活動の楽しさだけでなく，作品の出来栄えにも関心が高まるからである。出来栄えへの関心は，生徒自身の自己評価とも密接な関係があるため次節で詳しく述べることにする。

ここでの達成感や成就感は，自分でできたという自信やこんな力が付いたという学びへの自覚からくる感情である。もちろん作品自体の達成感や成就感も重要なものなので，完成後に改めて作品名を考えたり作品を額などに入れて展示したりする活動なども効果的である。

さらに，ここで一つ紹介したいのは，自分の作品を写真で撮影する活動である。次章の実践例11「美術にカメラ」（157ページ）でも紹介されているが，カメラを通して作品を写真で表現し直すことは，作品のよさや美しさなどを再発見する鑑賞の活動にもなる。実践例11のように，作品を置く環境を様々工夫する方法もあるが，立体作品は大きな紙などを壁から床に湾曲させた場所に置いて撮影すると背景がない新鮮な感じに表現でき，達成感や成就感を生むきっかけとなることが多い。

第2節 資質・能力を伸ばす指導と評価

1 美術における評価の目的

　美術の教師をしていて一番苦労するのは評価だという声を聞くことがよくある。話を聞いていくうちに，その先生が悩んでいるのは，美術の成績評価であり，中には高等学校受験のための調査書に記載する評定をどう付けるかであったりすることも少なくない。学校によっては「5」「4」「3」といった評定ごとに与える生徒数が決められているところもあるようで，頑張っている生徒に「2」を付けるのが忍びないと悩まれていた。

　ここで主として述べようとしている評価は，このような特殊な場合の評価ではなく，美術の授業を中心とした学習活動でその資質・能力が育成されたかについての評価である。現在では，学習指導要領の目標に示されているような資質・能力を育成できたかについて，「生徒指導要録」で示された美術への関心・意欲・態度，発想や構想の能力，創造的な技能，鑑賞の能力の4観点で生徒の作品や活動，変容の様子などから教師が行う評価である。この4観点も，今後，育成を目指す資質・能力の3本柱に添った形で「知識・技能」「思考・判断・表現」「主体的に学習に取り組む態度」に整理されるであろう。

　しかし，評価は指導者のみが行うものではなく，学習者自身や学習者同士が相互に行うものなどもあり，それぞれに意味をもっているため，ここでは評価について広く触れたいと思う。

　美術の学習評価は，学習指導要領に示された言葉を使うならば，表

現や鑑賞の活動をする中で,「造形的な見方・考え方を働かせ,生活や社会の中の美術や美術文化と豊かに関わる資質・能力を育成」することができたかを判断するものであるが,このように総括的に示されると判断が難しくなる。学習指導要領の「目標」に示された(1)(2)(3)が達成されているかを学習活動の中のどのような場面でどのように捉え,指導に生かせる評価となるかについて考えてみたい。

2　自信や自己肯定感につながる評価

　中学校における美術の評価を具体的な場面を例にしながら述べたいと考えているが,その前に,そもそも評価とはどのような目的で行うものなのかについて考えてみたい。評価という言葉はすそ野が広く,あまりに広範なため,ここでは「学習評価」について考えてみたい。学校や家庭,社会などで教育のために行われる評価である。通知表のように言葉や記号などを用いて書面で示す評価,作品などに付けて返す記号,言葉かけやうなずきなどと学習評価の形は様々であるが,その目的は,評価される生徒たちの好ましい変容が期待できることである。

　評価である以上,客観性や信頼性,正確さなども必要ではあるが,学習評価においてはそれ以上に評価することによる生徒の好ましい変容を目的とすべきである。それは,自信や自己肯定感につながる評価であり,次の学びへとつながるものでなくてはならない。

　小学校の高学年頃から中学生という思春期前期に当たる子供たちは,絵を描くという造形活動に対して苦手意識が高まる傾向が見られる。これは,知性の発達に伴い,客観的に自分の絵と他人の絵とを比較するようになることや自らが期待する表現と現実とのギャップに自信や自己肯定感をなくすためと考えられる。このようなときに教師が,よく描けている生徒の作品だけを黒板に掲示し,その出来栄えだ

けをほめるような評価をすると，ほめられなかった生徒は，否定的な評価をされたと同じこととなり，「美術は苦手だ」「どうせ才能がない」といったような漠然とした劣等感から美術の教科全体が嫌いになってしまう危険がある。特に，本物そっくりに描くといった能力は，客観的に分かりやすく，生徒にとっても憧れる能力であるので，それだけの価値観で作品を見て評価することがないよう教師は十分な配慮をして指導に当たらなければならない。

3　よさや美しさに気付かせる指導

「上手，下手」「そっくりに描けている」このような言葉は，美術の評価においては，できるだけ使わないことである。それでは，教師が，そっくりに上手に描きなさいと指導していることにもなる。美術で求めているよさや美しさは，そのような偏った価値ではない。美術の学習を通して学ぶのは，造形的な見方・考え方を働かせ，生活や社会の中の美術や美術文化と豊かに関わることができるためのよさや美しさなのである。

授業などの中で，生徒は教師の言葉や表情，しぐさなどから多くを学んでいる。教師自身が授業などの中で様々なよさや美しさに気付き，感動する態度は，そのまま生徒たちの気付きの視点となる。

制作中の美術室で生徒に個別に声をかけるとき，教師が自分の感じたことを話す前に「〇〇さんは，作品のどの辺が気に入ってる？」と聞いてみると生徒は改めて自分の作品のよさを探そうとする。これは肯定的な視点で自分の作品を見直すことにつながる。生徒の答えを聞いた後，「確かにそうだね」と肯定した後，「先生はここの表現も好きだな。特に色の組合せが〇〇さんらしくていいね」と二つ目のよさや美しさを指摘すると，この生徒は，意欲を高めながら制作を続けられるだろう。これは，語りかけによる評価により生徒を好ましく変容さ

せたことになる。

　授業以外の場面でも、造形的視点でよさや美しさに気付かせることができるようなこともある。評価のこととは少し離れるが紹介したい。

　中学校の教員をしていた頃、移動教室で蓼科山の登山をした。汗だくになって山頂に立つと涼しい風が気持ちよかった。空は青く澄み渡り都会とは違った深い青さだった。眼下には空を映した白樺湖、遠くアルプスの山々の重なりがグラデーションとなり感動的な美しさだった。すぐ後ろから上ってきた男子生徒が、「きれいだな～」とつぶやいた私に、「先生、何がきれいなんですか？」と不思議そうに聞いてきた。私は、その質問に驚きながら、「空の青さが透明で深い青に見えないかい？　湖の色も形もきれいだし、遠くの山を見てごらん。こういうふうに段階的に色が変化していることをグラデーションと言うんだよ」と答えた。しばらくじっと景色を見ていた生徒は、次に来た生徒に「見てごらんきれいだよ」と声をかけ、「何がきれいなの？」と言う友達に、「空の青さが深い青できれいでしょ？　それに遠くの山を見てごらん。こういうふうに段階的に色が変化していることをグラデーションと言うんだってさ。先生が教えてくれた」と私に言われたことをほぼそのまま自分の気持ちを込めて説明していた。

　同じ景色が見えていたにもかかわらず、私と話をするまでは、さほど美しさを感じていなかった生徒が、造形的な視点を意識したことによって深く鑑賞することができた例である。よさや美しさに気付かせる指導は、感性の扉を開くことになり、その後の人生を心豊かにするものだと思う。生徒の作品でも、生徒自身が気付かないようなよさや美しさを教師が指摘し肯定的に評価することで、生徒の感じるよさや美しさが広がっていくのである。

4 結果のみを評価しない

　評価は，そのタイミングも重要である。評価というと活動の終わりにその結果への振り返りの意味も込めて，締めくくりとして行うことが多いので，結果にA，B，Cを付けるかのように思っている人もいる。しかし，活動の終末に行うまとめとしての評価は，評価のほんの一部で，評価は，その実施時期によって「事前評価」「形成的評価」「事後評価」に大別できる。

　その中で特に重要なのが，学習活動の途中で進行に合わせて行う形成的評価であろう。形成的評価とは，活動の途中で行いながら，その活動の方向を確認したり修正したりするための評価である。美術の授業においては，制作中の生徒に対する教師のアドバイスなどがそれに当たり，この評価によって生徒は自信を深めたり，制作の軌道修正をすることになる。教師による指導や指示とは違うもので，生徒の制作意欲や作品の内容がよりよくなるように活動への取組姿勢や表現のよさや改善点などを結果としてプラスに働くような評価を工夫する必要がある。多くの場合，語りかけや表情などで伝えることが多いが，「制作カード」のような評価表を使用して生徒が制作後の感想や自己評価を書き，教師がそれにコメントするような例も見られる。こうした形成的評価の記録は，生徒の成長の記録として終末的な事後評価に生かすことができる。

　事前評価というのは，文字どおり生徒の学習活動の前に，これまでの活動経験や材料体験の状況などを聞いたり，制作への見通しや意欲なども含め，どのような準備ができているかという，学習へのレディネスを評価するものである。学年当初のオリエンテーションの時間などで実施すると，生徒理解につながり，その後の指導に役立てることができる。

事後評価は，活動の終わりに締めくくりとして活動への取組や制作物の出来栄えを評価するもので，一般的には，この評価のみを評価と捉えていることも多い。最初に述べたように，教師が作品の裏にコメントを書いたり，A，B，Cなどを付けたりする一般的で代表的な評価である。しかし，この評価を重視しすぎることは，学習活動の結果のみを重視することになりがちである。美術の学習評価は，どのような作品を作れたかという制作物などの評価に偏ることなく，学習のねらいに向けた学びの成果や修正点を明らかにし，資質や能力の育成を促すためのものでなくてはならない。

5 指導改善のための評価

形成的評価とは，活動の途中で行いながらその活動の方向を確認したり修正したりするための評価だと述べたが，この評価を生かして活動を確認したり修正したりするのは，学習者である生徒だけではない。教師もそれまでの指導を見直し指導を修正しながら，ねらいを達成するような授業を進める手掛かりとすることができる。つまり，指導改善のための評価でもある。

評価者と被評価者という言葉がある。面接試験などを想像してみると分かりやすいと思う。面接官が評価者で，面接を受けている人が被評価者である。評価者は，どの受験者にも同じようないくつかの質問をして被評価者の合否を判断する。評価は一方向である。

しかし，授業における形成的評価は違う。教師は生徒の様子や作品などを見て声かけなどによる評価を行う。分かりやすくするために，生徒Aが，版画の原画を墨で描いている場面を例に考えてみたい。

教師は，Aの様子の変化に気付き，声をかけた。

T「先週は集中して描いていたけど，今日は何か迷っているの？」

A「先週は鉛筆で版全体にいろいろ描けたのですが，墨で描くとど

の部分も表現が均一で単調になってしまいそうなんです」
　Ｔ「そうだね。この後，彫刻刀で彫ることを考えると，ていねいなＡさんが頑張って彫り上げたとしても画面全体が同じような感じで単調な作品になってしまうかもしれないね」「思い切って原画を整理し，黒く彫り残す部分を効果的に増やしてみてはどうかな？」とアドバイスした。
　この後，教師は，画面の中で白い部分と黒い部分とを強調すると，木版画として効果的な表現になるという視点を全体に説明した。Ａとの会話（形成的評価）により，教師も指導の改善を図ったのである。

6　生徒の自己評価を生かした指導

　生徒は，教師の評価や友達からの感想などを基にして自分の作品や活動を無意識のうちに自己評価している。現在取り組んでいる作品ばかりではなく，自分の得意不得意を含め，これまでの造形活動を通して培われた自分へのメタ認知とも言えるものである。幼いころには，誰と比べることもなく，無心に楽しめた造形活動も，次第に人の目を意識し，苦手意識や劣等感を感じることもあるようになってくる生徒が多い。中学生の時期は，こうした意味で「造形活動の危機」とも言えると思う。
　美術に限らず，生徒が学びを通して楽しいと感じる気持ちは，生徒の自己肯定感と深く関係している。「できた」「分かった」「失敗したけど頑張れた」などよい結果はもとより，失敗したときでも頑張れた自分に満足し，自己肯定感を高めている。この自己肯定感を形成する要素となっているのが，自己評価ではないだろうか。他人からほめられても，自分が納得しない賛辞や評価であれば自己肯定感は高まらない。
　「美術が苦手」「美術が嫌い」「美術の学習をしたくない」といった

理由のほとんどが美術活動に対する自己評価が低く，自己肯定感をもてないことにあるのではないだろうか。このことを逆に捉えると，生徒の自己評価を学習の様々な場面で教師が見取り，少しでも高めるような指導をすることによって生徒の自己評価が高まれば，苦手意識や自己嫌悪感は薄らぐのだと考える。

　描画力や表現の巧緻性などには個性があり，誰もが皆一様にもっているものではない。教師がこのような「物差し」で美術の作品の優劣を比較し評価するとしたら，自己肯定感のもてない生徒ばかりが増えることになるだろう。美術の評価は，公募展の作品審査とは違うのである。

　美術の学習において，生徒の自己肯定感を高めるには，教師や友達同士が，本人が気付かないよさや美しさなどを見つける目をもち，伝え合うことである。生徒同士で見つけることは始めのうちは難しくはあるが，教師は常にそういう目をもって生徒作品に接することが大切である。

　生徒が自分自身の活動や作品をどのように感じているかという，その時点での自己評価をする機会を意図的に設定し，メタ認知を高める方法の一つに「自己評価カード」などにより自分の学びを見直させる方法がある。その日の学習内容に合わせて，「自分として気に入った作品のアイデアが浮かびましたか？」「一番頑張ったことはなんですか？」「一番楽しかったことはなんですか？」「気に入っているところはどこですか？」「どのような力が付いたと思いますか？」など数項目を設定し，短時間で答えられる「自己評価カード」を作成する。そこに生徒がアンケートのような形で自己評価を書きこむことによって自分の学びを振り返ることができるようにする工夫である。教師は，「自己評価カード」に書かれた生徒の感想と自らが観察した学習の様子とを総合的に考察することによって，次の指導のヒントにすることができる。

生徒自身が気付かない生徒の造形活動や作品に見られるよさや美しさを教師が造形的な視点から指摘し，生徒が納得いくような説明を一人ずつしていくことによって，その指導を間近に見ている他の生徒たちの視点も高まってくる。

　ともすると「上手，下手」「そっくりに描ける」といった偏った価値観から教室全体の意識が変わり，様々なよさや美しさが認識され，のびのびと表現できるようになると全体の自己肯定感も高まっていくのだと考える。教師がまず正しい視点で評価をし，生徒一人一人の自己肯定感を高める評価をすることが大切である。

第5章

実践事例

実践1
私の心の風景〜学校生活を描く〜
〔第3学年／表現〕

●題材について

　本実践は卒業を前にした3年生を対象に，学校内の風景を描くことを通して，3年間の思いや自分自身を見つめる題材として設定した。
　風景画は，訪れた場所の美しい自然や普段見慣れない街並みなど，日常の生活の中の風景とは違った感動を覚えるときに「描いてみたい」「スケッチしてみたい」などの欲求が生まれる。しかし授業の課題として窓から見える風景や校舎を描くとき，身近であるがゆえに特別な感動や感情は生まれず，自然物や建物の形を描写するだけの活動に終わってしまうことがある。そこで，風景画を題材にする際に，実際に見える自然や建造物だけを描く対象として考えるのではなく，生徒たちのその場所に対しての思いや感情を形や色彩として表現させたいと考えた。
　そのためには，その場所についての思いや感情を生み出す手立てが必要である。感情は生徒の生活の中での体験や経験から生まれるものであるが，それを表出する手段の一つとして，簡単な言葉を並べた「詩」を書くことを導入で行う。また目に見えないイメージ，例えば「さわやか」や「力強く」など様子を表す言葉や「絆」「光」など目には見えないものも描く対象とすることによって，生徒の多様な表現の広がりを表現できると考えた。

実践1　私の心の風景〜学校生活を描く〜

●学習指導要領の関連内容

A表現(1)ア
(ア)　対象や事象を深く見つめ感じ取ったことや考えたこと，夢，想像や感情などの心の世界などを基に主題を生み出し，単純化や省略，強調，材料の組合せなどを考え，創造的な構成を工夫し，心豊かに表現する構想を練ること。

A表現(2)ア
(ア)　材料や用具の特性を生かし，意図に応じて自分の表現方法を追求して創造的に表すこと。

〔共通事項〕(1)
ア　形や色彩，材料，光などの性質や，それらが感情にもたらす効果などを理解すること。
イ　造形的な特徴など基に，全体のイメージや作風などで捉えることを理解すること。

●育成する資質・能力（この題材での目標）

○対象を深く見つめ，感じ取ったことや自己の内面を見つめ考えたことを基に主題を生み出そうとしている。
○主題などを基にイメージを膨らませて単純化や省略などを考え，表現の構想を練る。
○材料や用具の特性を生かし，意図に応じた自分の表現方法を追求する。
○自分や他者の作品から工夫や意図を味わう。

●学習の流れ（6時間）

	学習のねらい	学習活動
導入	・画家の風景画の作品を鑑賞し、作者の意図や表現の工夫を味わう。	・風景画とそのモチーフと近い写真などを比較し、省略されたものや強調されたもの、表し方の工夫などを考える（東山魁夷「道」など）。
展開	・自分が一番思い入れのある場所を選び、思いを膨らませる。 ・対象や想像したことを基に主題を生み出し、構想を練る。 実際の景色 ・構想を基に意図に応じて自分の表現方法を追求する。	・選んだ場所で対象を深く見つめラフスケッチをする。 ・対象を見つめながら自分と場所に関わる「もの」や「こと」を形や色彩で表していくことを考える。 ・その場所が自分にとってどんな場所だったのか、簡単な言葉で書き表す。 ・情景を表す歌の歌詞などを参考に、「季節」「色」「温度」「時間」など心情を表す言葉を見つける。 ・様々なイメージから構図、自分の気持ちを表す形や色彩を決め、アイデアスケッチを描く。 ■思いのイメージを風景に重ねる ■動きや思いを形に表してみる ■イメージ表す色彩や表現　など アイデアスケッチに書いた文章 「部活中いつも見ていた景色、椅子に座って覗き込むあかね色の空」 ・これまで学んだ材料、用具などから表現の意図に応じて選択する。 ・描画材の特徴などを生かした表現方法を工夫する。 ・形や色彩が感情にもたらす効果を理解しながら表していく。

実践1　私の心の風景〜学校生活を描く〜

まとめ	・他者の作品から作者の主題や意図，表現方法の工夫などを感じ取る。	・グループで互いの作品について感じたこと，作者の意図したことなどを付箋に記入する。 ・記入した付箋を作者に渡し，作者から作品についての思いを聞く。 ・表現方法の工夫や場所への様々な思いを感じ取る。

作品の思い
「3年間，グランドのこの場所から見ていた校舎。真夏の部活動は厳しかったけど，校舎はなぜかやさしく私を守ってくれるようだった」

作品の思い
「この絵は学校の校歌の中にある言葉からイメージし，自然豊かな風景を表現しました。ここは学校の中で一番，自然豊かな場所でした」

●発展と広がり

　本実践は3年生を対象に設定したが，他の学年で同様の内容を取り扱う場合，主題を生み出す手立てとしては，生徒や学校の実態に合わせ，いろいろな方法が考えられるであろう。その一つとして，どの学校にでもある校歌の歌詞を利用することが考えられる。校歌には学校が立地する土地の自然環境や地域産業，文化など地域の特徴を表しているものが多い。現代を生きる生徒が校歌の歌詞をヒントに，今はなくなっている自然や，街の変化に気付いたり，新たな学校への思いを想起させたりすることができると考える。主体的に場所への思いを表現することで，自分の身近なものへの造形的な視点をもち，学校生活をより心豊かに過ごしていくことにつなげたい。

実践2
自画像「大人になった自分への手紙」
〔第3学年／表現〕

●題材について

「他人からどう見られているのか」「人はどう評価するのか」さらに言うと「ちゃんと見られるために」「嫌われないように」のために精一杯生きている。

だからこそ，そこから抜き出て，自分と向き合って，自分にできるベストに集中して生きる姿は，しばしば多くの人を感動させる。

自分の顔を描く活動は，ともすると「私の眼は二重」や「唇の形が好き・嫌い」といった顔の形に一喜一憂してしまいがちである。しかし，美術の授業以外にこんなにも自分の顔を眺めて自分のことを深く考え，見つめる時間があるだろうか。表面的な美醜にとらわれて他人の目を意識し萎縮した表現ではなく，その奥にある自己を見つめ表現した自画像がもつ，人生さえ感じさせる迫力を感じ取り，表現させることをねらいとした。

なぜ「大人になった自分への手紙」としたか。

中学3年生の多くは目の前の進路に向かってもがいている。「今の自分」とすると，多くの生徒の意識がそこにとらわれてしまう。

人は必ず多面的な部分を内包している。様々な状況で様々な自分が顔を出し，その時々の価値観という物差しでその時の自分を決定し表現している。思春期特有の過剰で持て余し気味の自意識の泉の中から，「大人になった自分への手紙」とすることで，自分の美しい部分をすくい上げて表現できると考える。眠っていた新たな自己に気付き，表現したい自分を決定し，そのイメージをより効果的に表現できる表情やポーズ，表現方法を自分で決定させることでより主題を深める活動となることをねらった。

●学習指導要領との関連

A表現(1)ア
(ア) 対象や事象を深く見つめ感じ取ったことや考えたこと，夢，想像や感情などの心の世界などを基に主題を生み出し，単純化や省略，強調，材料の組合せなどを考え，創造的な構成を工夫し，心豊かに表現する構想を練ること。

A表現(2)ア
(ア) 材料や用具の特性を生かし，意図に応じて自分の表現方法を追求して創造的に表すこと。

B鑑賞(1)ア
(ア) 造形的なよさや美しさを感じ取り，作者の心情や表現の意図と創造的な工夫などについて考えるなどして，美意識を高め，見方や感じ方を深めること。

●育成する資質・能力（この題材での目標）

○ 現在の自分を見つめ，夢や未来への希望などの考えを膨らませながら，自分を表現することを主体的に考える。
○ 「10年後の自分が励まされるような，今の自分」を考え，主題を生み出す。
○ 構想を基に，表現したいイメージをよりよく表現できる表情やポーズ，背景などの効果を考え描画材料や描き方を工夫する。
○ 自分や友人の作品から伝わるよさや作者の意図と創造的な表現の工夫などを感じ取り，作品に対する自分の価値意識をもって批評し合うなどして幅広く味わい，お互いの個性や多様性を受容しながら未来に対する希望などを深く感じ取る。

●学習の流れ（10時間）

	学習のねらい	学習活動
導入	自己について深く見つめ，表現の構想を練る。 作家作品を鑑賞し，作者の思いが込められた作品には人を感動させる力があることを知る。	・アンジェラ・アキの「手紙～15歳の君へ」の動画を鑑賞し，歌詞を読みながら共感する部分などをワークシートに記入しながら，自己に対する考えや未来への希望について考える。 ・作家作品（ゴッホ・フリーダカーロ・ピカソの17歳・22歳・88歳の自画像）を鑑賞し，作家の生き方から，そのような表現に至った作者の心情を感じ取る。

実践2　自画像「大人になった自分への手紙」

展開	自分の作品として主体的に発想する。	・「一番好きな今の自分」を考え，その場面の写真をいくつか持ってくる。 なぜその場面の自分が好きなのか，その時の自分はどんな表情をしているか考える。 ・10年後の自分に手紙を書くような気持ちで，「一番好きな今の自分」が表現できるように，ポーズや表情，構図や背景に工夫しながら，構想を練る。 ・絵の具を基本とし，異素材なども必要に応じて用いて表現する。 
鑑賞	自分の作品に思いがのせられたか，振り返る。 友人の作品から作者の思いを感じ取る。  **最後のユニフォーム姿**	・相互鑑賞し，お互いの作品について主題を感じ取ったり，表現の工夫について話し合う。 ・校内に展示し，卒業への気持ちを高める。 「この自画像を描いている間に，最後の大会が終わりました。描いている間に様々な気持ちの変化がありました。9年間着てきたユニフォームを脱ぎ，完成したときは髪の毛も伸びていました。美術の時間が来るたびに，最後まで野球をやっていた自分が自分を見つめているような気がしました」
まとめと評価		・自分を表現することに関して主体的に考えられたか。 ・「10年後の自分が励まされるような，今の自分」を考え，主題を生み出すことができたか。 ・表情やポーズ，背景などの効果を考え，描画材料や描き方を工夫できたか。 ・作者の意図と創造的な表現の工夫などを感じ取り，お互いの個性や多様性を受容しながら未来に対する希望などを深く感じ取ることができたか。

●発展と広がり

導入で「15年間生きてきた中で、自分が一番好きだった瞬間の写真をいくつか持ってくる」としたことで、表現することに対して能動的な意欲を引き出すことができた。

本題材は、自分の顔をよく見つめ、鉛筆でデッサンをし、絵の具を使って着彩していくが、生徒が表現の必要に応じて異素材を組み合わせて表現することも可能である。

また、発想の段階で感情や思いに視点を合わせ、抽象で表現することも可能である。

卒業を前に校内に掲示し、生徒一人一人が「自分を好きだと感じている瞬間」を感じ取りながら、卒業へのモチベーションを高めていく効果も期待できると考える。

いつも普通な私です

「中学校生活、色々なことがあったけれど、いつも普通でいたいと思っています。描いているといつのまにか絵と自分だけになっていて、時間が飛んだようになりました。背景にある建物と海は、将来行くことが決まっているような夢を見たから描きました」

抽象で表現した自画像

実践3
私の花
〔第1学年／表現〕

● **題材について**

　生徒が主体的に主題を決めることによって，美術の力を伸ばすとともに，達成感や満足感を感じることができるような場面を設定することが大切だと考える。本題材は，生徒が自分で主題を意識して決める場面を設定する上で，2段階でステップアップできるようにした。発想・構想で悩む1年生の生徒にとっても，自分の気持ちや考えを，独自の花の色や形で楽しく表現できるようにした。また，「私の花」をどのような場面に咲かせるのかを決め，一版多色刷り版画によって，より自分の思いを強く表現できるようにした。

● **学習指導要領の関連内容**

A表現(1)ア
(ｱ)　対象や事象を見つめ感じ取った形や色彩の特徴や美しさ，想像したことなどを基に主題を生み出し，全体と部分との関係などを考え，創造的な構成を工夫し，心豊かに表現する構想を練ること。

●育成する資質・能力（この題材での目標）

○ 美しく咲く花やたくましい樹木。生徒が感じている植物の様々なイメージを，友達同士で共有できるように意見を出し合い，見方や感じ方を広げることができるようにする。
○ 植物がもっている色や形の特徴を探り，そのよさや美しさに気付くことができるようにする。そこから自分の気持ちや考えを花に込め，新たな「私の花」を表現する。どのような思いを込めるのか言葉にすることで深めていく。
○ 「私の花」をどのような場所に咲かせるかを想像し，考えることで，さらに自分の主題設定を明確にすることができるようにする。
○ 一版多色刷り版画の技法を理解し，色を重ねて表現することや，かすれの技法を学ぶことで，その効果を生かしながら工夫して表現できるようにする。

●材料・用具

［生徒］　色鉛筆，ポスターカラー
［教師］　ワークシート，黒ラシャ，ばれん，版画用紙，彫刻刀

●学習の流れ（8時間）

	学習のねらい	学習活動
導入	・自分の気持ちや考えを大切にしながら，「花に込める思い」など構想を練る。 ・友達のいろいろな考えを知ることで，思いを広げる。 ・花が咲く場所を考えることで，花に込める思いを明確にする。	・自分のもつ植物のイメージを言葉にする。発表し合い，友達と意見を共有する。 ・ワークシートにどのような思いを込めるのか言葉にして書く。 ・花をどのような場所に咲かせたいか設定を考える。

実践3 私の花

展開	・ワークシートに花の表現を決定し，版画の構想を練る。アイデアの段階に色鉛筆で着彩することで，イメージを膨らませる。 ・一版多色刷り版画の重色の効果やかすれなど，版画の効果的な技法を学び，それを生かすことができるようにする。 ・輪郭線の彫りの太さを変えることで強弱が生まれることを意識する。  「崖の上の花」	・ワークシートに花の形と色を決定する。 ・色鉛筆で着彩する。 ・背景の構想を練る。 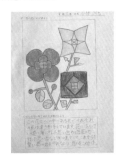 スケッチ「3つの思い出の花」 ・版画の下絵を描く。 ・一版多色刷り版画の技法と手順を理解する。 ・下絵を版画板に裏返しに転写し，彫刻刀で輪郭線を彫る。 ・重色やかすれを生かしながら，ポスターカラーを塗り，ばれんで版画用紙に転写する。
まとめ	・自分の思いに合った色や形で新たな花を表現することができたか。 ・「私の花」をどのような場所に咲かせるのか考え，花の印象をより強く表現できたか。	・完成した作品に題名をつけ，花に込めた思いを紹介文として書く。 ・友達の作品を鑑賞し，作者の思いや花の工夫点を発見する。 

「地球の裏側」

「未来に向かって走り出した私たち，そんな小さな小さな私たちを表現しました。これから大きく成長していく思いを込めました」

「光と闇の木」

「前向きな花」

「どこまでも進んで天まで届く勢いで伸びていく」

「みんなが見て心がやさしくなれるような花」

●発展と広がり

　生徒が自分の思いを作品に表現することができるように「私の」という言葉を題材名に加えた。今後２年生，３年生と成長していく中で次の作品で「私の表現」につなげていくために，２年生では「私のマーク」，３年生では「私の風」など，継続して発展させていきたい。

実践4
動け！ オノマトペ
〔第3学年／鑑賞・表現〕

●題材について

オノマトペとは，ものの音や声などをまねた擬声語（ざあざあ，じょきじょきなど），あるいは状態などをまねた擬態語（てきぱき，きらきらなど）を指す言葉である。

●学習指導要領の関連内容

B鑑賞(1)ア
(ア) 造形的なよさや美しさを感じ取り，作者の心情や表現の意図と創造的な工夫などについて考えるなどして，美意識を高め，見方や感じ方を深めること。

A表現(1)ア
(ア) 対象や事象を深く見つめ感じ取ったことや考えたこと，夢，想像や感情などの心の世界などを基に主題を生み出し，単純化や省略，強調，材料の組合せなどを考え，創造的な構成を工夫し，心豊かに表現する構想を練ること。

A表現(2)ア
(ア) 材料や用具の特性を生かし，意図に応じて自分の表現方法を追求して創造的に表すこと。

(イ) 材料や用具，表現方法の特性などから制作の順序などを総合的に考えながら，見通しをもって表すこと。

●育成する資質・能力（この題材での目標）

① 個別の知識や技能
　北斎の浮世絵作品を鑑賞し，意匠，色づかいなど，独創的な視点を学び取り，造形的な特徴を理解する。

② 思考力，判断力，表現力等

　感性や想像力を働かせ，造形的視点を通し，オノマトペのもつ要素を動画，アニメーションに変換し表現するための発想・構想を練る。また映像作品の制作を行う。また，単純化や省略，強調などを学ぶ。

③ 学びに向かう力，人間性等（情意，態度等に関わるもの）
　作品のもつよさや美しさを感じ取り，作品のもつ価値や，そこに隠れた心情を感じ取る。自分で作ったオノマトペに動きを加え，アニメーション化することで日本の芸術文化の一つであるアニメーション表現を創造し，継承していくことの意味について考える。

●学習の流れ（8時間）

	学習のねらい	学習活動
導入	・題材の目標を理解する。 ・作品のよさや美しさに気付く。 ・計算された意匠，色づかいなど，独創的な視点を学び取り，造形的な特徴を理解する。 ・題材の目標を理解し鑑賞に結び付ける。 ・他者との関わりの中で新たな気付きを発見する。	・北斎作品を鑑賞し，動きや音を感じる題材を見つけ出す。 ・選んだ作品から感じ取る動き，音の要素を声に出し，グループ活動で伝え合う。自分のアイデアを友達と共有し，かたちにしていく。 諸国滝廻り「美濃国養老の滝」
展開	・選んだ題材を基に，形や色彩の効果を考え，発想・構想の工夫をする。 ・伝えたい内容を形や色彩の効果を考え，発想・構想の工夫をする。 ・発想・構想を基に想像力を働かせ，単純化や省略化することで創造的な制作を行う。 ・目的や機能を考え美的感覚を働かせ形や色，図柄の組合せを考え，表現する。	・出てきたアイデアをオノマトペとして表現する。 ・ICT機器を活用し，コマ撮りアニメの実演等を交え，自分で考えたオノマトペを動画にするための発想・構想を行う。 ・各自でオノマトペのもつ音の要素と動きの要素をアニメーションに落とし込みつつ動画制作を行う。
まとめ	・作品のよさ，造形的な美しさなどを感じ取り，生活を美しく豊かにする美術の働きについて理解する。 ・身近な地域の題材に触れることで，そのよさや美しさなどを感じ取り，美術文化の継承と創造への関心を高める。	・全体で作品の鑑賞を行う。 ・どの北斎作品から浮かんだオノマトペかを全体で共有し，互いの発想・構想を認め味わう。

●発展と広がり

日本が世界に誇る文化の一つでもあるアニメーション表現を自らの手で制作するという行為は生徒の興味・関心を引くには十分な題材である。今回は鑑賞活動を通し，活用する題材，モチーフに制限をつけた中での表現活動を行った。また，ICT機器の効果的な活用を図るためにPC教室での調べ学習はもちろんのこと，無料アプリ「KOMAKOMA for iPad」を活用することでアニメーション制作を容易にした。このアプリは直前に撮影したコマが透けて見えるため，自分の描いたものや写し取ったものを確認しながら楽しくアニメーション制作ができる。

最初，授業として考えていたのは描いた絵を基にアニメーションを制作するというものであったが，生徒からの要望で，たまたま余っていた粘土を利用し，クレイアニメーションのようなものを作ってみたところ，とても出来上がりがよく，撮影に手間はかかるが，複数台のiPadを利用する環境を整えることでグループワークによるアニメーション制作も可能になるのではないだろうか。今後は様々な題材を利用し，作品の制作に当たっていきたいと考えた。

鑑賞時の見せ方の工夫として、先にコマ撮りアニメーションを見せ、その後で参考とした作品を見せた。画面の中から感じ取る音は多種多様であり、同じ参考作品を扱いな

がらも他者が感じる音と自分が感じる音の違いや、オノマトペ一つとっても、そのかたちやデザインの違いに感心する姿がたくさん見られたことがよかった。この題材の目標となる「伝統文化の継承を促す」というところは、今回、地域の著名人である「葛飾北斎」の絵画を中心に鑑賞活動を行い、制作に入ってはいるが、全国様々な場所で同じように展開できる授業案であると考える。

実践5
感情の色と形〜クレヨンを楽しむ〜
〔第1学年／表現〕

● **題材について**

　中学校美術の表現にはファインな表現とデザインや工芸の表現がある。生徒は分野を確認して，目的をもって活動を行うため，教材としての留意点は生徒自身が自分の思いや願いや考えに沿って活動ができるような準備である。デザインを広義で考えることができる能力や，絵や彫刻の表現の多様性は折に触れて鑑賞の授業を設けて学習をする必要がある。

　まずは材料や用具よりも，思考や判断の筋道を自分で決定できるような配慮が必要である。つまり，行き先が決まっていてコースは自由に選ぶことができるのが望ましい。しかし，ある程度の方向性は，事前に確認させておきたい。寄り道をするにしても時間内でゴールにたどり着けるように注意を与えることは欠かせない。

　興味をそそられる教材は，生徒の思考レベルに合わせたものにできるよう事前の研究が欠かせない。この題材は事前に経験のある素材に

新たな手法を採り入れて,これまでにない経験ができるように考えたものだが,生徒の実態を考え,取組の過程で「人とは違う表現」を自分自身が肯定でき,価値を自分で確認できることが必要だと感じさせ,その上で制作を進めることの重要性を理解させたい。作品制作に欠かせない主題を,生徒の力ではっきり生み出せるように学習を仕組むことが大切である。

●学習指導要領の関連内容

A表現(1)ア
(ア) 対象や事象を見つめ感じ取った形や色彩の特徴や美しさ,想像したことなどを基に主題を生み出し,全体と部分との関係などを考え,創造的な構成を工夫し,心豊かに表現する構想を練ること。

A表現(2)ア
(ア) 材料や用具の生かし方などを身に付け,意図に応じて工夫して表すこと。
(イ) 材料や用具の特性などから制作の順序などを考えながら,見通しをもって表すこと。

B鑑賞(1)ア
(ア) 造形的なよさや美しさを感じ取り,作者の心情や表現の意図と工夫などについて考えるなどして,見方や感じ方を広げること。
(イ) 目的や機能との調和のとれた美しさなどを感じ取り,作者の心情や表現の意図と工夫などについて考えるなどして,見方や感じ方を広げること。

第5章 実践事例

●育成する資質・能力（この題材での目標）

○クレヨンの性質を見つけ出させ，材料に関する既成概念を崩させる。
○イメージの独自性を肯定する意識を高めさせる。
○思考の整理によって表現の方向が決まることを意識させる。
○互いを認め合うことと，情報を整理する要領を身に付けさせる。

　中学1年生のスタートの時期に扱うことで，美術の学習の方向性が伝えやすくなる。新たな素材ではないが，これまで気付けなかった素材の特徴などを確認し，表現の幅が広がることにつながる。

　既成の概念から発想する形であっても，生活の中にはその形が導き出される根拠があり，生徒同士の交流の中で共有され，さらに新たな発想に結び付く例が多くある。多くのパターン（模様）が様々な製品に使用されていることにも触れることで，美術の学習の有用性についての認識力を養うことに通じていく。

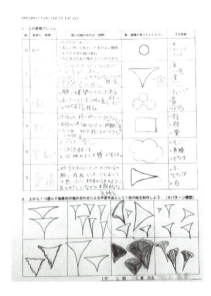

実践5　感情の色と形〜クレヨンを楽しむ〜

●材料・用具

[生徒]　美術資料，古新聞紙，ポケットティッシュ
[教師]　ワークシート，クレヨン，針，櫛，テレピン油，筆，脱脂綿，綿棒，ニス（グロス&マット）　その他

●学習の流れ（4時間）

	学習のねらい	学習活動
導入	○感情をテーマに抽象的な表現で制作し，仲間との意見交流によって自分の表現を客観的に見る力を身に付けることを確認する。 ○ワークシートを使用して独自の感覚を意識した「形」「色」のイメージを探る。 ○クレヨンに触れ，性質や使い方を模索する。	・感情を分析し，思いの構成をきちんと整理し，価値を自分で決める（ワークシート）。 ・生み出した形を構成し，表現に必要な色を決める。 ・表現技法と抽象表現の関係を作品鑑賞によって意識できるようにする（鑑賞資料）。 ※抽象表現が単に単純化，強調，省略のルートでしかできないものではないことを知る。
展開	○クレヨンが油で溶ける（伸びる）性質があることや，重ね塗りや削りとること，指や道具でぼかしたり混ぜたりできること	・クレヨンの表現技法を実際の制作で試し，必要に応じて様々な用具を駆使する。 ・中間発表会を経て，作品の充実を図る（フィードバック）。

135

	などを知り，表現に結び付けていく。 ○仲間の作品の意味を探ることで，自分の表現に深みをもたせる。	・仕上げにニスを塗り，完成。
まとめ	○仲間の作品を鑑賞し，自分との共通点や相違点を確認して，それぞれの解釈の違いに触れた上で，自分の作品のよさや課題を考える。 ○楽しめたかどうかを振り返り，以降の学習の充実を意識する。	・自分のイメージに沿って「感情」が表現できたか。 ・クレヨンの表現技法を効果的に使用することができたか。 ・人との違いを肯定する取組になったか。

●発展と広がり

　クレヨンと言うと，幼児や小学校低学年の材料という観念をもつ生徒が多い。取組を経て，素材は自分の思いで自由に選び，使うことができることを理解させたい。

　主題を明確にする点については，生活経験の差が如実に出てしまう。他の人と同じでなければ安心できない生徒もいる中で「違い」による自己肯定感を高められるよう授業内で鑑賞の時間をさらに重視していくことを考えたい。

実践6
クラスCMを作ろう〜コマ撮りアニメーションで表現しよう〜
〔第1〜3学年／表現〕

● 題材について

　本題材では，映像メディアを取り入れ，コマ撮りアニメーションの技法を学び，クラスの仲間と創造活動を共同で行う。デジタルカメラは，考えをまとめる段階で表現活動を容易に繰り返し確認できる。その中で他者と関わり，主題などを基に発想し構想する能力を育てることができる。

　また，文化発表会で「クラスCMの制作発表・鑑賞」を行うことを目指し，学級や学校の集団や自己の生活に関心をもち，美術の授業での学びを生かして，学校行事に関わり，他者から認められる機会を得ることができる。

●学習指導要領の関連内容

〔第1学年〕 A表現(1)イ， B鑑賞(1)
〔第2学年及び第3学年〕 A表現(1)ア， B鑑賞(1)
第3　指導計画の作成と内容の取扱い2(1)イ

学習指導要領本文は
巻末資料参照

　仲間と話し合い，関わり合うことを意識し，授業を進めていく。映像メディアを取り入れることで，形や色彩，材料，光などの性質や，それらが感情にもたらす効果などを理解させる。クラスの仲間と創造活動を協同で行うことで互いの個性を生かし合い協力して想像する喜びを味わわせる。アイデアスケッチで構想を練ったり，言葉で考えを整理したりすることや，作品などについて説明し合うなどして見方や感じ方を広げるなどの言語活動の充実を図ることができる。表現と鑑賞が相互に働き合う題材である。

●育成する資質・能力（この題材での目標）

　アニメーションによる表現に関心をもち，楽しく表現活動に取り組むことができるようにするとともに，コマ撮りアニメーションの原理を理解し，自分の表現意図に応じて美しく効果的な表現の構想を練り，多様な表現方法で形や色の変化を表現する。学級で協力して「クラスCM」の制作に取り組むことにより，仲間と一緒にイメージに合った材料や表現方法を選び，他者の意見や見方を取り入れながら，全体の流れや動きの変化を考え，自分たちらしい表現を目指して，創意工夫し楽しく美しく表現する。

実践6　クラスCMを作ろう〜コマ撮りアニメーションで表現しよう〜

●学習の流れ（4時間〜）

時間	学習のねらい	学習活動
Ⅰ 授業 導入	○絵や立体が動き出す仕組みをソーマトロープやゾートロープで実感しながら学び，コマ撮りアニメーションによる表現に関心をもつ。 ・アニメーションの文化や原理を理解し，表現の特性を味わう。 ・実際に連続する写真を撮影し，テレビモニターで視聴することでコマ撮りを体感する。 ・「クラスCM」について考え，連続した絵を絵コンテにまとめ，動きを付けていく。	・DVDやパラパラマンガを見せて，アニメーション表現の原理を理解させる。 ・一コマずつ撮影し連続した動きとなることを確認させる。 ・自分のクラスとしての取組の様子を絵コンテにまとめるようにさせる。 ・話合い活動を通じて，アイディアをまとめさせる。
Ⅱ 授業 ＋ 放課後 展開	○コマ撮りアニメーションの原理とカメラ・映像機器の扱い方を理解し，自分の表現意図に応じて美しく効果的な表現ができるように構想を練る。 ・スイッチ・シャッター・再生 ・カメラの持ち方と姿勢 ・三脚の利用や代用について ・時間を操る・光・場所・動き・カメラの眼・カットに注意する。	・カメラの部分や名前を黒板で表示できるように紙で作っておく。 スイッチ　シャッター　再生 ・カメラの扱いにとまどう生徒に声をかける。 ・撮影できるまで，繰り返し，確認させる。 ・動かし始めをゆっくりにして中の動きを早めにすることで滑らかな動きとなることに気付かせる。
Ⅲ 授業 ＋ 放課後 展開	○イメージに合った材料や表現方法を選び，全体の流れや動きの変化を考え，自分たちのクラスCMらしい表現を目指して，創意工夫し楽しく美しく表現，編集する。 ・撮影した写真の順番を主題にそうように，効果的に（繰り返し，逆再生）並び替える。 ・各写真の長さを考える。	・パソコン室で，写真データを見て順番，長さ，繰り返し，逆再生など，表現の意図が伝わるよう考えさせる。 とめる　ためる を意識して絵に動きをつけ，アニメーションとして仕上げる。 ・舞台発表の時間に収めるよう編集，音楽を入れる。
Ⅳ 発表会	○動く映像の楽しさ美しさや他クラスの表現の工夫を味わう。 ・ホールにて作品上映・鑑賞	・他クラス，全校生徒，教職員，保護者と一緒に鑑賞させる。
Ⅱ 授業 まとめ	○鑑賞のポイント（どこに表現の工夫があるのか）を確認して鑑賞しながらワークシートにまとめる。 ・意見交換する。	・他者の発想や表現の工夫を共有するために鑑賞のポイントを確認させる。 よさや美しさ アイディアについて 表現の工夫について コマ撮り

第5章　実践事例

> このクラスCMは，発表会に向けて
> クラスごとに取り組み制作したものです。
> 美術の授業での学びを活用して，
> クラスCMをコマ撮りアニメーションで
> 表現しました。
>
> 映像表現で大切なことは
> 時間を操ること，光・場所・動き……
> そして，カメラの眼です。
>
> クラスのCMを作るというテーマに向かって
> 協力して発想を広げ，構想を練り，工夫して，
> 表現することができました。
>
> これからも
> 自分の気持ちや伝えたいことを
> 美術や音楽や言葉などを通して
> 表現して，伝え合って，
> 豊かな人生を送ってください。

絵コンテ　　　　　　　　　　エンドロールの指導者から生徒たちへのメッセージ

●発展と広がり

　本題材は，クラスのCM完成後に実際にホールで，全校生徒，保護者，教職員などと鑑賞することを楽しみにして，繰り返しクラスメイトと発想し，構想を練ることができる。美術の授業での学びが，特別活動へと広がり，さらに表現活動が充実していく。また，学年が上がるごとに創意工夫，表現や技能が充実していくことを実感し，来年はより豊かな表現をしたいと，主体的に目標を掲げていく。さらに，アニメーションは一つ一つの動きに意味や思いが込められていることに気付き，普段の生活の中で目にする映像表現や様々な美術表現に関心をもつようになり，自分なりの表現活動につなげていくことができるようになる。

実践7
私のジャポニズム〜オリジナル商品で世界に日本を発信しよう〜
〔第3学年／表現〕

●題材について

　生徒が自己表現することそのものが社会とつながっているのだと考えたとき，どのように作品のよさを社会に発信していくことができるのかという視点で本題材を設定した。

　3年生の題材を考える上で，日本の伝統美術・文化をたくさん味わって卒業していってもらいたいという願いや，日本人として日本の伝統と文化に誇りをもって世界へ羽ばたいて欲しいという思いもあり「私のジャポニズム」で「世界とつながる」授業を展開した。西洋の画家たちが日本の伝統美術・文化の優れた部分を取り入れ新たな作品を創り上げたことを，自分たちもやってみることで，自国の伝統のすばらしさを実感できるのではないか。また，商品化を想定し，世界をターゲットに売り出す企画によって，どのように「日本の文化をアピールしていくか」を考える機会をもつことができるようにした。

●学習指導要領の関連内容

A表現⑴イ
(イ)　伝える目的や条件などを基に，伝える相手や内容，社会との関わりなどから主題を生み出し，伝達の効果と美しさなどとの調和を総

> 合的に考え，表現の構想を練ること。

●育成する資質・能力（この題材での目標）

① 　3年生は1年生の頃から日本の伝統美術・工芸に触れ，学習を積み重ねてきた。
　　　1年　・伝統的な色彩を知る
　　　　　　・張り子の動物の制作
　　　　　　・浮世絵版画の鑑賞
　　　　　　・一版多色刷り版画の制作
　　　2年　・日本の文様を知る
　　　　　　・沈金の制作
　　　　　　・和服の柄のデザイン
　　　3年　・いろいろな仏像の鑑賞
　　　　　　・京都・奈良をテーマに砂絵の制作（修学旅行課題）
　　以上のような題材を振り返りながら，日本の伝統美術・文化を再度鑑賞することで，生徒が伝統的な事柄を身近に感じられるようにする。
② 　日本の伝統美術・文化に関連して，ジャポニズムという西洋の画家たちが日本の伝統美術・文化を取り入れることが流行したことや，日本と西洋の作品を比べながらどのような取り入れ方をしたのか気付くことができるようにする。
③ 　どのような商品に日本の伝統美術・文化を取り入れてデザインするのか，また，その作品を選んだ理由について追求することで，そのよさや美しさに気付くことができるようにする。

実践7　私のジャポニズム～オリジナル商品で世界に日本を発信しよう～

●材料・用具

［教師］　美術資料・浮世絵資料・文様資料等ジャポニズム組み合わせ表（プリント），企画書（プリント），提出用画用紙
［生徒］　色鉛筆，黒ペン

●学習の流れ（5時間）

	学習のねらい	学習活動
導入	・ジャポニズムを知ると同時に，西洋の芸術家が日本の美術・文化に強く影響を受けた部分について意識しながら鑑賞する。	・浮世絵とその影響を受けた西洋の作品を見比べながら，どのように取り入れられたのか，なぜこのような表現をしたのかを考え意見を発表する。
展開	・自分の気に入った日本の伝統美術・文化を発見し，オリジナル商品のデザインにどのように取り入れていくのかを考え，そのよさや美しさを世界に発信していく企画を練る。 ・日本の作品のどの部分を基にデザインしたのか，なぜその作品を使用したのかを考え，日本の作品のよさや美しさに気付く。	・気に入った浮世絵や文様，日本画等の日本の作品を選ぶ。 ・ワークシートにオリジナル商品を企画をするとともに，「私のジャポニズム」の方法を考える。 ・商品の特徴，ターゲット，値段，キャッチコピーを考える。 ・商品のデザインが完成したら色鉛筆で色を塗る。
まとめ	・日本の伝統美術・文化をどのように世界に発信しようかと深く考え，それを商品に取り入れることができたか。 ・ターゲットを世界にすることで，目的意識を変えて今までとは違うデザインの発想，表現を広げることができたか。	・自分の作品について振り返り自己評価をする。 ・オリジナル商品の発表をする。 ・友達の作品を鑑賞し，目的によって違った発想や表現を知る。

第5章 実践事例

「波に千鳥」（上），「市松」を取り入れた「波のU.Aスニーカー」

「紅白梅図屏風」を取り入れたテーブル「四季のかおり」

「風神雷神」の雷神を取り入れた「Lightningギター」

● 発展と広がり

「鳥獣戯画」でお皿「うさぎの散歩」

○ 鑑賞と深く結び付いた商品デザインの企画なので，個々の制作に留まらず，クラスでのプレゼンテーションを行うことで，さらに鑑賞も深まり，表現について互いに学び合うことができる。

○ 完成後は世界の文化についても触れることで，その違いに気付くことができる。

実践8
柳生和紙の魅力を伝える
〔第2・3学年／表現〕

● 題材について

　第2学年及び3学年向き。素材がもつ特性を生かしながら，用途や機能，美しさなどを考えて発想豊かに表現するとともに，日本文化や地域に根ざす伝統工芸への理解を深め，よさや美しさなどに価値意識をもって味わうことで，郷土愛を育ませたい。

　柳生和紙は今からおよそ400年前に仙台藩主伊達政宗が，米づくり以外の産業を奨励する一環として始めさせたのが起源である。さらに，仙台七夕飾りや松川だるまの型紙に使用されるなど，仙台の伝統工芸と深い関わりがある。柳生和紙の魅力を生徒自身が体感した上で，使用する人，場所，目的を明確にしてランプシェードを制作する。

柳生和紙
色や素材など種類が豊富だ。

●学習指導要領の関連内容

A 表現(1)イ
(ウ) 使う目的や条件などを基に，使用する者の立場，社会との関わり，機知やユーモアなどから主題を生み出し，使いやすさや機能と美しさなどとの調和を総合的に考え，表現の構想を練ること。

〔共通事項〕(1)
ア 形や色彩，材料，光などの性質や，それらが感情にもたらす効果などを理解すること。

●育成する資質・能力（この題材での目標）

造形的なよさや美しさ，表現の意図と工夫，美術の働きなどについて考え，主題を生み出し豊かに発想し構想を練ったり，美術や美術文化に対する見方や感じ方を深めたりすることができるようにする。

●学習の流れ（9時間）

	学習のねらい	学習活動
1	○課題の把握 ≪柳生和紙の魅力を伝えるためには，どんなランプシェードを作ればよいか≫ ・柳生和紙について振り返る。 ・和紙の特性を知る。 ・様々なランプシェードを鑑賞する。 ・様々な技法について理解する。	・これまで体験してきた柳生和紙の取組について振り返る。 ・丈夫であることや，光が透けること，通気性，外界の音を消す効果など，和紙のもっている特性について知る。 ・実際に，柳生和紙が使用されている場所やものについて知り，松川だるま制作に見られる仙台張子の制作方法を学ぶ。 ・実際に柳生和紙に触れさせ，その強度を体

実践8　柳生和紙の魅力を伝える

	①張り子タイプ ②行燈タイプ ③芯材（針金や竹ひご等）で組み立てるタイプ	感する。 ・「柳生和紙の魅力を伝えるために，どんなランプシェードを作るか」という課題を把握する。 ・様々な方法で作られたランプシェードの鑑賞をし，制作技法の理解を深める。
2 3	○発想・構想 ・技法について振り返る。 ・アイデアスケッチをする。 ・和紙に実際に触れ，ちぎったり，貼り合わせたり，組み合わせたりして様々な実験や試作をする。 ・使用する材料，用具の把握をする。	・使用する人，場所，目的を明確にさせる。また，柳生和紙の特性を生かしたデザインのアイデアスケッチをする。 ・和紙を実際に重ねたり，ちぎったり，貼り合わせたりして実際に部分的な試作をし，作品のイメージをもつ。 ・使用する材料，用具を書き出し，制作に対する見通しをもつ。
4	○制作 ・ランプシェードづくりをする。	・アイデアスケッチと試作を基に，ランプシェードの制作を行う。
5	○制作 ・ランプシェードづくりをする。 ・制作過程を見合って意見交換する。	・アイデアスケッチと試作を基に，ランプシェードの制作を行う。 ・制作過程を互いに見合って参考にする。積極的に意見交換し，友達の表現のよさを伝え，また，使用する人，使用する場所や柳生和紙の特性を生かしたデザインにより近付けるためにどうすればよいのか，アドバイスし合う。 ・友達の意見や考えを聞き自分の考えを深め，次時の制作に生かす。
6	○意見発表をする。 ・前時の意見交換で出た意見を聴く。 ○制作 ・見直しを生かし，ランプシェードづくりをする。	・友達の意見や考えを聞き自分の考えを深める。柳生和紙の魅力について改めて考え，その魅力を引き出すような制作をする。 ・アイデアスケッチと試作を基に，ランプシェードの制作を行う。
7 8	○制作 ・ランプシェードづくりをする。	・アイデアスケッチと試作を基に，ランプシェードの制作を行う。
9	○自己評価 ・自己評価をする。 ○鑑賞	・ワークシートに，自分の作品についての説明や，制作を振り返って工夫した点や感想などをまとめる。 ・グループ（6名）ごとにランプシェードの鑑賞を行う。 ・グループの代表者1名（×6グループ）と，教師の推薦者数名が，学級全体で発表を行う。

●発展と広がり

　生徒は，小学校で柳生和紙の歴史や作り方についての学習を行っていたり，地域の小中学校の卒業証書にも使用されたりなど，柳生和紙は彼らにとって特別感があり身近な素材であると言える。生徒自身が和紙の特性やよさを事前に体感して制作に当たることで，使用する人にとってどんなデザインがよいか，

設置場所や目的，色彩と光がもたらす情感を考えながら制作し，より洗練されたデザインを発想することができた。また，生徒からは，

「自分が作ったものが，祖母に喜んでもらえたのが嬉しかった」という声が聞かれ，誰かのために作る喜びを感じるきっかけにもなったようである。

　今後の発展課題として，制作したランプシェードを実際に使用している様子を写真に収め使用した感想などを使用者に取材するなどして，発表し合う，あるいはまとめを掲示することで，生徒同士の学びにさらにつながるのではないかと考える。

　この題材は，柳生和紙のよさや美しさを使用者に伝えることができるだけでなく，ランプシェードの優しい光に触れた鑑賞者とのつながりをも生む架け橋となることと思われる。

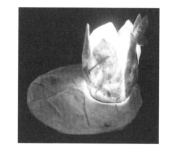

実践9
スーベニア タンブラー
〔第2学年／表現〕

●題材について

現代の日本社会では，外国人観光客が急増し，グローバル化が進んでいる。その数は推計で，約2404万人（平成28年）となり，今後も増え続けると思われる。その結果，文化交流の機会が増え，自国の文化を見直し，そのよさを再認識することができる。

本題材は，日本の文化や伝統の魅力に気付かせ，外国人観光客が，旅の記念としてお土産にし，それらを使って日本を紹介したくなるような，スーベニアタンブラー（絵の入るプラスチック製のコップ）をデザインさせる。また将来，生徒が自信をもって，外国人と交流できるような，コミュニケーションツールを制作させたい。

日本人として，「自国の文化の魅力」を語ることのできる人間になってほしいというねらいがある。

●学習指導要領の関連内容

A表現(1)イ
(イ) 伝える目的や条件などを基に，伝える相手や内容，社会との関わ

りなどから主題を生み出し，伝達の効果と美しさなどとの調和を総合的に考え，表現の構想を練ること。

B鑑賞(1)イ

(イ) 日本の美術作品や受け継がれてきた表現の特質などから，伝統や文化のよさや美しさを感じ取り愛情を深めるとともに，諸外国の美術や文化との相違点や共通点に気付き，美術を通した国際理解や美術文化の継承と創造について考えるなどして，見方や感じ方を深めること。

3　内容の取扱い

(2) …（前略）…〔共通事項〕に示す事項を視点に，アイデアスケッチで構想を練ったり，言葉で考えを整理したりすることや，作品などに対する自分の価値意識をもって批評し合うなどして対象の見方や感じ方を深めるなどの言語活動の充実を図ること。

● **育成する資質・能力**（この題材での目標）

日本の文化や伝統の魅力に気付き，作品の制作や発表を通して，それらを発信する力を身に付けさせる。

● **材料・用具**

［生徒］　教科書，筆記用具，絵の具，コラージュに使用したい材料
［教師］　スーベニアタンブラー（絵の入るプラスチック製のコップ），型紙，ラミネーター，ラミネートシート（Ａ４サイズ），はさみ，カッター，のり，水性色ペン，色鉛筆，コラージュに使用する材料

実践9 スーベニア タンブラー

●学習の流れ（7時間）

	学習のねらい	学習活動
導入（1時間）	・生活の中にある日本の文化や伝統のよさに気付かせる。 ・主題を考え，決めさせることによって，今後の活動をより主体的に取り組ませる。	・普段の生活や習慣を振り返り，日本の文化や伝統とは何かをグループで話し合い，意見交換する。 ・日本の文化や伝統について考えを広げ，深めていく。 ・授業の目標を確認し，学習のテーマに添った主題を見つける。
展開（5時間）	・主題に添ったイメージを具体的に表すため，表現方法を身に付けさせる。 ・グループ内で，材料や作品について意見交換し，言語活動を充実させる。 ・ポップカードの制作を通して，主題に込めた思いを発信する力を身に付けさせる。	・ラミネートシートを使ったコラージュ技法を知り，主題に添った色や形を考え，素材を作る。また，各自が持ち寄った材料をグループ内でシェアし合ったり，互いにアドバイスをする。 ・主題が伝わるような素材の配置を考える。また，コラージュした作品が立体になったときをイメージしながら構成する。 ・構成された作品をラミネート加工する。 ・加工した作品を切り抜いて，タンブラーの中に入れる。 ・ハガキサイズの画用紙に，作品の題名と解説を書き，作品鑑賞会に使うポップカードを制作する。
まとめ（1時間）	・完成させた作品を使って，設定した主題を伝えるための力を身に付けさせる。	・グループになり，ポップカードを使って主題を伝え，完成作品を鑑賞し合う。 ・互いの表現の工夫，作品のよさや美しさ，作品に込められた思いを味わう。 ・個人で感想をまとめ，全体の中で発表する。

●生徒作品

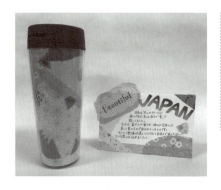

生徒のコメント
「日本は『赤』のイメージが強いですが，私はあえて『青』で統一しました。それは，富士山や湧き水，湖など日本には美しい青のものであふれているからです。そして，澄み通った美しい心をもつ日本人であってほしいという思いも込めました」

●発展と広がり

① 外国人に，日本の文化や伝統のよさを伝えようと取り組ませた結果，日本の伝統的な和を主題に選ぶ生徒が多く，偏りが見られた。今後は，現代の日本文化の魅力についても考えさせ，幅広く主題を生み出せるようにしたい。

② 生徒一人一人に社会への帰属意識をもたせるため，作品を地域で展示した。地域から評価されることで大きな自信となり，その後の授業でもいきいきと活動するようになった。今後は，空港や観光地で展示を企画したり，総合的学習の発想から，作成したタンブラーを修学旅行に持参させる予定である。そこで，外国人に「自国の文化の魅力」を語り，作品を評価されることで，実感を伴う深い学びへとつないでいきたい。

実践10　自分のマーク〜自分のイメージを伝えるマークを作ろう〜

実践10
自分のマーク〜自分のイメージを伝えるマークを作ろう〜
〔第１学年／表現〕

●題材について

　形や色彩等の効果を生かして自分を表すマークの構想を練り，明瞭簡潔に表現する。始めに様々なマークを鑑賞し，イメージを分かりやすく伝えるマークとしての役割を理解し工夫を見つける。そして自分の名前や性格，好きなものなどから発想し，シンプルで分かりやすいマークを考えていく。また色彩がもたらす感情も意識し，効果的な色づかいができるようにする。

　制作時にはマークの作例や制作していく過程のデザインの変容も示し，修正を加えながらよりよい形や色彩を追求できるようにする。

　制作後にはその後も生活の中でマークを幅広く活用できるように，制作したマークのハンコやステッカー，プラ板のストラップの制作も行い，生徒の題材への関心を高める。

第5章 実践事例

●**学習指導要領の関連内容**（A表現⑴，B鑑賞，〔共通事項〕）

　生活の中にある様々なマークの鑑賞を通して，形や色彩が効果的に表現されているデザインについて関心をもつ。社会で活用されているデザインが，どのような目的をもって発想され，人々の暮らしの中で役割を果たしているか学ぶ。また，自分のマークを制作する活動を通して，表現意図を分かりやすく端的に伝える形や色彩について追求していく。形や色彩が感情にもたらす効果など，作品のよさについて話し合い，見方や感じ方を広げる。

●**育成する資質・能力**（この題材での目標）

○マークの目的や役割を意識し，自分のイメージを明瞭簡潔に伝えるマークを考えている。既存のマークや友達の作品を意欲的に鑑賞し，形や色彩の工夫などのよさを感じ取ろうとしている。
○自分の名前や特徴などから発想を広げ，伝えたい内容が他者に分かりやすく伝わるマークの構想を練っている。形や色彩の効果を生かして構成し，表現の構想を練っている。
○全体のバランスを考えて，単純化したり，強調したりしてマークを表現している。自分の伝えたいテーマに合ったアイデアを，形や色彩の特徴を基に明瞭簡潔に表現している。
○造形的な要素に着目し，既存のマークや友達の作品を鑑賞し，形や色彩の工夫を感じ取っている。主題に基づいた表現の工夫や作者の表現意図を理解し，作品のよさを発見して，見方や感じ方を広げている。

実践10 自分のマーク〜自分のイメージを伝えるマークを作ろう〜

●学習の流れ（6〜8時間）

	学習のねらい	学習活動
導入	**1．課題の把握と鑑賞（1時間）** ○マークについて考える ・世界的に共通のマークや企業のマークなどを鑑賞し，マークの目的や機能，よさや美しさを味わい，工夫されているところを自分なりに分析する。	・既存のマークに込められた思いを調べ，デザインする上での工夫を見つける。 ・グループでデザインの工夫について話し合い，見方や感じ方を広げる。
展開	**2．発想や構想をする（1時間）** ○作品例を鑑賞し，アイデアを描く ・シンプルで分かりやすいデザインを目指す。 ・事例を見て形や色彩の工夫を探し，デザインの構想を練る。 ・どんなテーマで制作するのかコンセプトを決める。 ・イメージを形や色彩を工夫して表し，伝わるデザインを考える。 ○ラフスケッチを基に話し合う ・友達の考えを聞くことで，自らの考えを深めたり広げたりする。 **3．制作（3時間）** ○プレゼンシートに描く ・マークの役割を考え，シンプルで分かりやすいデザインになっているか考えながら制作する。 ・全体のバランスを考え，線の太さ，色合いなど細部までこだわり表現する。 ・どんなイメージを伝えたいのか考え，マークのコンセプトを伝えるのにふさわしい見せ方を工夫する。	・優れたマークの条件を考える。 ・友達のアイデアスケッチや教員の作品例などを見て，デザインの参考にする。 ・自分の名前や性格，好きなものなどからイメージを膨らませる。 ・名前の字や書体も参考にする。 ・友達のマークも参考に考えて見せ合い，友達から見たイメージもアイデアのヒントにする。 ・アイデアスケッチを見せ合い，アドバイスを付箋に書いて貼っていき，意見交換をする。 ・デザインに工夫が見られるものを全体に紹介し，優れたデザインの条件を確認する。 ・友達の意見を参考にしながら，自分のアイデアを再考する。 ・形の比率や配色を変えたものなどをいくつか描き，最良だと思われるものを追求する。 ・紹介文を書いて，マークのデザインコンセプトを伝える。
まとめ	**4．鑑賞（1〜3時間）** ○プレゼンテーション ・互いの作品を鑑賞し，表現の意図や工夫などよさを見つけ認め合う。 ○消しゴムハンコを制作 ・ハンコにして分かりやすいように，彫るところと残すところを工夫する。 ○墨絵にハンコを押す ・墨絵を描き，作品の中にバランスを考えてハンコを押す。	・マークのコンセプトなどを伝えプレゼンテーションする。 ・イメージを形や色彩に表現できたか自分の作品を見つめ直す。 ・マークのモノクロバージョンも作り，ハンコを制作する。 ・墨絵などの作品に，制作したハンコを押す。 ・ハンコとして様々な場面で活用する。

○ステッカーを制作 ・自分の持ち物などに自分のマークのステッカーを貼り，愛着をもつ。 ○プラ板のストラップを制作 ・自分のマークを長く愛用する。	・マークのカラーコピーをラミネートして両面テープを貼り，ステッカーを制作する。 ・マークのプラ板のストラップを制作する。

●発展と広がり

　始めは複雑なデザインになってしまう傾向があったが，デザインの条件を絞って示し，制作途中でも振り返って考えられるようにした。また，アイデアスケッチの段階の話合いで付箋にアドバイスを貼っていったことにより，たくさんのアイデアのヒントを得ることができた。今回の課題を通し，社会で活用されているデザインがそれぞれ思いを込めてつくられており，形や色彩にも工夫があることに気付くことができた。自分のマークとしてその後も活用できるデザインを考えたことで作品に愛着がわき，デザインに対しても関心をもつことができた。

アイデアスケッチから完成までの変容

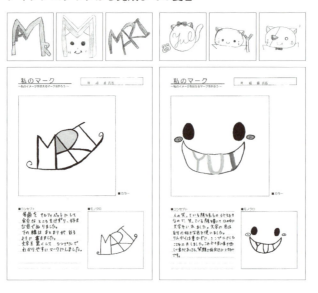

実践11
美術にカメラ〜心の中に種をまこう〜
〔第1学年／表現〕

●題材について

　本題材では，美術の授業にカメラを取り入れ，表現の幅を広げ，深めていく。カメラは，容易に現実の世界を写し取ることができる道具である。美しさを見つける目や感じる心を育て，一人一人の人生を豊かで楽しいものにしてくれる。そして，デジタカメラは，考えをまとめる段階で表現活動を容易に繰り返し確認できる。表現して，すぐに鑑賞し，また表現できる。これらの利点を生かしたのが本題材「美術にカメラ」である。

●学習指導要領の関連内容（第1学年　A表現⑴アイ）

第3　指導計画の作成と内容の取扱い2
⑶　各学年の「A表現」の指導に当たっては，生徒の学習経験や資

> 質・能力,発達の特性等の実態を踏まえ,生徒が自分の表現意図に合う表現形式や技法,材料などを選択し創意工夫して表現できるように,次の事項に配慮すること。
> イ　美術の表現の可能性を広げるために,写真・ビデオ・コンピュータ等の映像メディアの積極的な活用を図るようにすること。

●育成する資質・能力（この題材での目標）

写真による表現に関心をもち,楽しく表現活動に取り組むことができるようにするとともに,自分の表現意図に応じて美しく効果的な表現の構想を練り,カメラの特性を生かして自分らしく撮影方法を工夫して表現する。さらに,作品について考えたこと,感じたことを伝え合い,自分の作品と他者の作品のよさや美しさを感じ取り,味わう。

生徒作品

実践11　美術にカメラ〜心の中に種をまこう〜

●学習の流れ（4時間〜）

	学習のねらい	学習活動
導入	・「心の中に種をまこう」というテーマで，自分自身の目標や願い，思いを込めた「種」を表現させる。	・アイデアスケッチをして，発想や構想を練る。 ・自分なりのテーマに合った材料で，思いを込めた「種」を粘土等で表現する。 ・種から，針金と和紙による希望や可能性の芽が，顔をのぞかせることもある。
展開	・目標や願い，思いを込めた「種」をまいて，育てていく場所はどこか，発想や構想を練り，カメラで撮影して表現させる。 ・カメラの扱い方を理解し，自分の表現意図に応じて美しく効果的な表現をさせる。	・カメラの持ち方と姿勢，カメラの扱いを知る（カメラは精密機械なので取扱いに注意，レンズ部分を触らない，胴鏡が弱いのでぶつけない等）。 「ズーム機能」「アングル」「いろいろな場所」「光の当たり方」「構図」に気を付ける。 ・撮影できるまで，繰り返し，確認させる。 ・撮影した写真作品の中から，一枚を選ぶ。このときにも生徒同士，互いの作品を見比べ鑑賞する。
まとめ	・作品の造形的なよさや美しさを感じ取り，作者の心情や表現の意図と工夫などについて考えるなどして，見方や感じ方を広げる。	・選んだ作品をプリントしたものを鑑賞する。 ・作品にタイトルをつけ，作品に込めた思いや表現の工夫等を言葉に込めて書く。 ・造形物「種」とカメラを通して覗いた切り取った風景も作品となり，同時に味わう。 ・グループでの相互鑑賞，教室全体での鑑賞をする。

●発展と広がり

　本題材は，デジタルカメラで自作の造形物を撮影する題材である。写真は，自分の表現したものをカメラで撮影し，すぐ確認できる即時性が魅力であり，絵や彫刻で表現するようなプロセスを通してじっくりと学びを深めることは薄い。しかし，撮影する視点の与え方や，造形物を表現するときの自分なりの主題を明確にしておくことや，光や構図を考えることなどで，写真だからできる学びがある。シャッターを押すことは，絵や彫刻で表現することに劣らない行為となる。

　さらに，発展としてデジタルカメラで撮影した写真だけではなく，あえて，アナログのカメラを選択して撮影する。シャッターを切る＝撮影することを意識することができるのではないだろうか。撮影することに，意味や思いが込められていること，その一瞬を切り取り，表現することの重さに気付くことができると考えている。

　短時間で様々な表現が可能な美術表現としての写真の授業を，工夫することで，生徒が感性を高め，生涯にわたって楽しめるような造形活動として実感できる場面が，授業後も続いていくであろう。

　この実践は公益社団法人日本広告写真家協会（APA）の教育普及活動とのコラボレーションが発端となったものである。このように社会とつながった教育実践もこれからの発展と広がりの一つとして考えていきたい。

実践12
プロジェクター・プロジェクト～壁面投影の手法を使った新しい表現を探る～
〔第2・3学年／表現〕

● **題材について**

　この表現は，絵や立体で表現する手法に加えて，現代の新たな機器を利用した表現の方法を模索する題材である。新学習指導要領においては，A表現の(1)(2)，特に(1)に関してはアとイに共通して表現活動が可能なものである。

　下の写真は授業内で制作した「地域への呼びかけポスター」を学校施設の外フェンスに設置し，地域に直接メッセージを送る取組である。地域の方々が通行する際に目にすることができ，中学生の地域に対する思いや願いが伝えられ，多少なりとも啓発活動につながった実践である。このポスターを校舎の(道路に面した)外壁に液晶プロジェクターで投影したところ，夜間でありながら同様に伝えることができた。これをきっかけにデザインの領域に留まらず，投影自体で表現が可能であることに気付き，地域住民や関係諸機関の協力を得て，市街地の大きな壁面を使用しての実施へつなげることができた。許可が得られ，交通障害の心配がないことや電源の確保ができれば各地で可能な表

現である。

　プロジェクション・マッピングが普通に行われる時代となったが，パブリック・アートとしての壁面投影が中学生の実践で可能であることを前向きに捉え，新たな美術科の表現活動として提案したい。

● 学習指導要領の関連内容

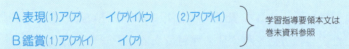

A表現(1)ア(ア)　　イ(ア)(イ)(ウ)　　(2)ア(ア)(イ)　　　学習指導要領本文は
B鑑賞(1)ア(ア)(イ)　　イ(ア)　　　　　　　　　　　　巻末資料参照
＊A表現(1)についてはアかイのいずれかを明確にして取り組むこと。

● 育成する資質・能力（この題材での目標）

○液晶プロジェクターの機能とPCの操作方法を理解させる。
○プレゼンテーションに伴うアニメーション機能や画面切り替えを効果的に使えるようにさせる。
○ストーリー展開の意味と手法（アニメーション機能・BGM使用等）の演出効果を意識させ，有効に活用できるようにさせる。
○主題を示す際に，トータル・イメージの構築が必要であることを理解させる。

　中学2・3年生の題材として行う理由は，表現全体のイメージを主体的に表現するという点からである。中学1年生では表現の前段階でそこまで高めることは望めない。トータル・イメージの表現について具体的にどのように進めるべきかを十分時間をかけて指導する必要がある。

実践12　プロジェクター・プロジェクト〜壁面投影の手法を使った新しい表現を探る〜

●学習の流れ（7〜8時間）＊ファインな表現活動の場合（(1)ア）

	学習のねらい	学習活動
導入	○季節感を味わうことができるよう，地域の方々に送るメッセージを構成する。 ○機器の操作を学び，主題提示のアイデアを練る。 ○作品の提示の方法を確認し，具体的な絵コンテ（5場面以上）を作成する。	・新しい表現活動として，プロジェクターによる「投影」という手法を知り，自分の思いや願いを映像にして提示する手法で表現する準備を進める。 ・プロジェクター，PC，デジタルカメラを使って投影の準備を進めることを確認し，具体的な主題を考えて5枚以上の画像で示すために準備段階の活動をする。
展開	□画像や映像の編集作業を伴うため，作業は美術室及びPC室を併用することになる。 ○制作後の画面や写真データをソフト使用により取り込み，PCで作業を進める。 ○プレゼンテーションソフトの操作方法を確認し，場面転換やアニメーション機能をどのように使うかを考える。 ○主題にそった場面転換を有効に使うことができているか等，周囲の意見を聞きながら進める。 ○リハーサル及びBGM添えを必要に応じて繰り返すことで，主題を明確にすることに通ずる。	・絵コンテを基に自分が提示する「季節感」を意識した絵や写真を構成し，デジタルカメラで撮影できる状態にしていく。 ※動画の使用については生徒からの要望により可能な限り応じるが，素材の入手がオリジナルでは厳しいこともあるため，その扱いには十分注意して行う（著作権配慮）。 ※リハーサルはPC上で何回も行うことができるが，提示方法に迷いのある場合は仲間の意見をもらうことができるよう，時間的な配慮を行う。 ・自分が一番示したかったことにフィードバックして，最終の確認を行う。
まとめ	○上映会を行い，個々のイメージを共有する。 ○鑑賞用紙にコメントを書き，作者が意見を吸収しやすくする（ニュートラルな立場で鑑賞することを確認していく）。 ○屋外での上映（夜間）。	・上映後に仲間からの意見をもらい，より明確な提示及び装飾的なイメージを大きくすることができるよう示唆を与えながら進める。 ※実施した上で地域の方々や関係者の意見を生徒に届けられるように準備しておく。

○使用するプレゼンテーションソフト他

　・Microsoft社PowerPointを使用
　・3200lumen（ルーメン）以上の液晶プロジェクター及び対応可能なPC

第5章 実践事例

工事現場のテントに投影　　　　　　　　　　県立図書館ガラスに裏側から投影

●発展と広がり

　Adobe社のソフト（Photoshop及びIllustrator）を使用することで映像処理の幅は広がるが，中学生にとってはここまでが区切りだと感ずる。プロジェクション・マッピングについては参考程度の提示にとどめ，その後の発展課題として理解させることが必要である。様々なイベントなどで目にする機会があれば，興味深く鑑賞することができるであろう。

　関係者からの評価が生徒に届けられるよう，準備することで，実践して実りのある題材となる。

実践13
手ぬぐいのデザイン
〔第1学年／表現〕

● **題材について**

　日本の伝統的な文様は，多種多様で人々の様々な願いが込められている。そして，文様は今も生活の中に使われ，生活小物など身近なところにある。このような伝統が現代にも継承され，私たちの生活に彩りを加えていることを生徒に気付かせたい。

　日本の伝統的な文様のよさに気付き，生徒が自分の思いや願いを取り入れながら新たな文様の構想を練る。自分の考えた文様を使って工夫して効果的な構成を練り，手ぬぐいの柄を表現する。本題材は生徒が自分の思いや願いを文様に込めて新たな自分の文様を作ることで，知識として伝統文化を知るだけでなく，身近なものとして捉えられるように設定した。

　また，実際に使える手ぬぐいを作ることを目標に置き，それを使ってみることで創造する喜びを実感できる。

　授業を通して伝統と文化に親しみ，尊重する態度を養っていきたい。

● **学習指導要領の関連内容**

A表現(1)イ
(ウ)　使う目的や条件などを基に，使用する者の気持ち，材料などから

> 主題を生み出し，使いやすさや機能と美しさなどとの調和を考え，表現の構想を練ること。

●育成する資質・能力（この題材での目標）

　本題材は「目的や条件などを基に，美的感覚を働かせて，構成や装飾を考え，表現の構想を練る」「形や色彩，材料や用具の特性を生かし，意図に応じて創意工夫して表現する」，これらの力を身に付けることを大きなねらいとする。そのために下記の工夫をする。
○身近な日用品や，商品などに文様が使われていることから文様に関心をもてるようにする。
○日本の伝統的な文様の形には意味があり，その意味を知ることで自分の文様を制作する目的意識を高める。
○自分の文様を手ぬぐいにどのように配置するか，思いや願いを含めて効果的な配置や色の工夫を考えていく。

●材料・用具

［教師］　ワークシート，文様見本パネル，文様見本手ぬぐい，さらし布，トレーシングペーパー，説明プリント，ゴム板（5cm角），布用インク（8色），彫刻刀，模造紙
［生徒］　教科書，筆記用具

実践13　手ぬぐいのデザイン

●学習の流れ（6時間）

	学習のねらい	学習活動
導入	・現代の商品を参考に文様について考える。様々な文様が使われていること伝え，家庭でも探してみるよう促す。 ・ワークシートに自分なりの考えをまとめる。思いや願いについては前時までやっていた自分の名前の意味にも関連付け，参考にするよう伝える。	・文様を使った日用品を鑑賞し，様々な伝統的な文様について知る。 ・ワークシートに自分の思いや願いをまとめオリジナル文様の構想を練る。
展開	・どのような形に自分の思いや願いを込めるのか，一番大切であることを再度促す。 ・彫刻刀の使い方や彫りの深さなど適宜指導する（あまり深く彫る必要はない）。 ・試し押しをすることで，彫り具合や色の選択も含めて検討するように指導する。 ・手ぬぐいの長方形の大きさに合わせて，どのように配置するか，よく考えるよう促す。同じ大きさの模造紙にマジックで配置する場所に線を描き，それを下敷きにして見当が付けられるようにするとよい。	・ワークシートに文様の形や手ぬぐいの柄の構成を練る。 ・ゴム板に形を転写し彫る。 ・ゴム板の彫りを進める。試し押しをしながら，彫り具合を調整する。 ・計画した手ぬぐいの構成を確認し，実際の大きさでどのように配置したらよいか再度検討し，文様を押していく。
まとめ	・友達の作品のよい所を発見し，書き留めておくように指導する。	・ワークシートにまとめをして，自分の制作した作品を紹介する。

布用インクを使って布に配置を工夫しながら美しく押していく

● 発展と広がり

　完成後に生徒が実際に手ぬぐいを使用し、物を包んだり使ってみたりすることを想定して表現の構想を練ることができるよう手ぬぐいの使い方にも注目していく。日本人の生活の中に育まれてきた文化に気付くことができるようにしたい。

　また、世界の文様にも目を向け、衣装の柄や建築物の装飾などの色や形のよさや美しさを発見することで、自国の文化との違いや共通点を知る機会にしたい。

実践14
卒業記念共同制作「よりよい生活空間に向けて，私たちが遺していくもの」
〔第3学年／表現〕

●題材について

卒業期に，生徒たちの意識を自分たちの生活した学校内外空間に向け，共同制作活動を通じて，よりよい生活空間づくりに今まで身に付けた美術の力を活かすことができるという実感をもってもらおうと考えた。卒業生としての自分たちの個性を反映させつつ，公共性を意識し，

1年目：昇降口下駄箱側面。人型のシルエットと校訓である「研鑽和親」を基に，一人一人の感性が響き合う作品となった。

制作場所の機能や利用する人の気持ちなどに配慮した色彩やモチーフの構成など，デザイン的な思考力・判断力・表現力を発揮し，伸ばすことをねらいとする。なお，この実践は5年間かけて発展・継続させたものである。

●学習指導要領の関連内容

A表現(1)イ
(ア) 構成や装飾の目的や条件などを基に，用いる場面や環境，社会と

> の関わりなどから主題を生み出し，美的感覚を働かせて調和のとれた洗練された美しさなどを総合的に考え，表現の構想を練ること。
>
> A表現(2)ア
> (イ) 材料や用具，表現方法の特性などから制作の順序などを総合的に考えながら，見通しをもって表すこと。
>
> B鑑賞(1)イ
> (ア) 身近な環境の中に見られる造形的な美しさなどを感じ取り，安らぎや自然との共生などの視点から生活や社会を美しく豊かにする美術の働きについて考えるなどして，見方や感じ方を深めること。

●育成する資質・能力（この題材での目標）

　学校生活空間を見直すことから，美術的な貢献として自分たちにできることについて，学年全体で意見を交流し共同制作に取り組む。対象施設を選定し，その役割や社会との関わりなどから主題を生み出し，美的感覚を働かせて調和のとれた洗練された美しさなどを総合的に考えて構想を練る。共同制作の時間や人数などの条件を考えて材料や用具，表現方法，制作の順序などを総合的に考えながら，見通しをもって表す力を育成する。

2年目：昇降口前ホール柱。5本の柱を季節の移り変わりをイメージして，木をモチーフに表現。統一感を重視したため，実行委員による活動が多くなった。

●材料・用具

［生徒］　筆記用具，スケッチブック，筆セット
［教師］　水性ペンキ，刷毛，ペンキ用容器，バケツ，新聞紙，マスキングテープ，養生シート，ベニヤ板

●学習の流れ（4時間）

＊全生徒の標準時間。この他に実行委員による話合い，下絵制作，準備時間有り。

	学習のねらい	生徒の活動
導入（1時間）	・これから取り組む活動についてのイメージと意欲をもつ。 ・共同制作のよさや特性，公共性に配慮したデザインの意味について考える。	・活動の流れを知るとともに，参考写真や制作例などによって，イメージをもつ。 ・校舎内外を観察し，卒業制作したい場所，内容，表現方法のアイデアを，スケッチなどによってまとめる。
展開	・施設の役割や社会との関わりなどに合わせた表現主題や表現方法などについて深く考える。 ・全体の中の分担箇所を表現するという条件や制約を理解しながら，自分らしい表現に向けた表現材料の扱いや表現方法などを工夫する。	・まとめを基に話し合い，対象の施設の役割や社会との関わりなどに合わせた表現主題や表現方法について構想を練る。 ・実行委員によって示された下図や表現方法に従って，分担された場所に，全体とのバランスを考えながら，色彩や筆致などを工夫して，自分らしく表現する。
まとめ	・共同制作によって，環境をよりよく変化させることができるという実感をもつ。	・出来上がった共同制作物を鑑賞し，共同制作によりよりよい生活空間が実現できたか感じ味わう。

●学習活動の変容と指導のポイント

「自分たちの手で自分たちが毎日使うものや場所，空間をより心地よいものに」という思いで取り組んできた本実践は，5年間を経る中でその活動範囲が年々広がってきた。生徒だけが使う下駄箱から，学校を訪れる全ての人が目にするホールの柱，そして学校に関係なく道路を利用する一般の方々も目にすることになる敷地外周のフェンス

へ。3年目にして生徒たちは，公共性について考えることがより必要となった。

「地域の景観に溶け込むように」「毎日見てると疲れちゃうようなものはダメ」「だからあまり目立ちすぎたり主張しすぎるものはよくない」。一方，この外周は多くの部活動でトレー

色の調合。大量のペンキを扱い，贅沢に色調の変化を楽しむ。

ニングのために走ってきたコースでもある。後輩たちに向けて「頑張れ，あと少し！」といった励ましのメッセージも込めたい。さらに，「自分たちの卒業を記念する」という目的が加わる。「自分（たち）らしさ」をどう表現するか。そのような条件を満たす表現の構想に向けて，思考力・判断力をいかに働かせられるかが指導のポイントとなる。その上での創造的な技能の発揮について，本実践では課題が見えている。時間的な制約がある中で，全体と部分との関係を大切にさせながら，各自の表現の工夫の余地を確保し，質の高い表現の喜びを味わわせたい。

●発展と広がり

「ここは幼稚園でも病院でもなく，中学校ですよ。中学生とはこんな人たちですよ。みなさんようこそ！　ご迷惑おかけしますが見守ってください」。フェンスの取組をしながら，心に浮かんだ言葉であった。卒業制作としての共同制作は，中学生として3年間ここに過ごした自分たちのありようを振り返る活動となる。そのことと公共性とのすり合わせ方は，活動を見守る私たち大人の眼差しの取り方によってかなり変化するのではないかと，今あらためて前任校での実践を振り

返り考えている。この先，卒業制作に限らず，活動場所も学校を離れ，完全な公共圏となることも考えられるが，その主体が中学生であることの意味を今一度掘り下げ，時間，場所，費用など様々な条件の中で，生徒自身が，より一層主体的に感性を働かせて取り組めるものとなるように工夫を続けていきたい。

3〜5年目：敷地外周フェンス。左から3年かけて完成。クラスカラーを基調に，一人3本ずつ色調や高さを変え，全体としてリズムや調和が生まれることを意識した。3年目はウエーブのみ，4年目は人型シルエットを上段にいくつか配した。5年目はクラスカラーを超え，青空と地域の街並み，空には文房具などの図が浮かぶ。

第5章　実践事例

```
実践15
今も生きているよ～伊藤若冲「鳥獣花木図屏風」の鑑賞～
〔第1学年／鑑賞〕
```

●題材について

　本題材は伊藤若冲の「鳥獣花木図屏風」の鑑賞である。生徒たちにとって日本美術は遠い過去の文化として受け取られがちである。しかし，この架空の動物を描いた本作品はどこかユーモラスであり，生徒たちにとって親近感をもって味わわせることができるのではないだろうかと考えた。また若冲の他の作品と比較することで，より本作品の表現の特徴に気付き，作者の意図に迫ろうとする主体的な態度を期待する。そして日本文化を過去の遠いものとして感じるのではなく，今の自分との関わりで捉えさせ，現代の文化とのつながりを考えながら見方や感じ方を広げさせたい。

●学習指導要領の関連内容

B鑑賞(1)ア
(ｱ)　造形的なよさや美しさを感じ取り，作者の心情や表現の意図と工夫などについて考えるなどして，見方や感じ方を広げること。

〔共通事項〕(1)
ア　形や色彩，材料，光などの性質や，それらが感情にもたらす効果などを理解すること。

実践15　今も生きているよ～伊藤若冲「鳥獣花木図屏風」の鑑賞～

イ　造形的な特徴などを基に，全体のイメージや作風などで捉えることを理解すること。

●育成する資質・能力（この題材での目標）

○造形的なよさや美しさ，作者の心情や表現の工夫などに関心をもち主体的に感じ取ろうとする。
○作者の心情や表現の意図と工夫，日本文化やよさや美しさなどを感じ取り，自分の思いをもって見方や感じ方を広げている。

●学習の流れ（1時間）

	学習のねらい	学習活動
導入	・主体的に「鳥獣花木図屏風」を味わう。	・「鳥獣花木図屏風」に描かれている動物をシルエットで見るなど，部分的に鑑賞することによって，描かれている内容などに関心をもつ。
	作品の部分をシルエットにしたものから，どのような動物かを想像する。	

175

展開	・形や色彩の特徴や，よさや美しさなどを感じ取り，作品全体のイメージを捉える。	・屏風の形に仕立てた実物大の作品のコピーを鑑賞し，作品全体を鑑賞する。 **実物大カラーコピーを屏風の形にする** ・初発の感想を発表する。 発問例 「ここはどこだと思いますか」 「動物たちは何をしていると思いますか」 「表現方法で気付いたことは」
	・伊藤若冲の他の作品を紹介し，特徴などを基に，イメージや作風の違いを捉える。	・「動植綵絵」を数枚鑑賞し，表現の違いや感じたことを発表する。 ・他の人の発言を聞いたり，「鳥獣花木図屏風」と比較したりすることによって，伊藤若冲の表現について考える。 ・作者はなぜこのような作風の「鳥獣花木図屏風」を描いたのかを考え，自分の思いや考えをもって味わう。
まとめ	・伊藤若冲に影響されて制作された現代の作品を紹介し，過去の文化が現代にも生きていることを感じる。	・なぜ現代の人がこんなにも影響を受け，自分なりの表現として表しているのかを考える。 紹介した作品例 ・「鳥獣花木図屏風」の立体作品，デジタルアニメ，和菓子 ・「動植綵絵」の柄のスニーカー等 ・再度「鳥獣花木図屏風」を鑑賞し，最初に感じたことと，改めて鑑賞して感じたことの変化などを友達と共有し，さらに見方や感じ方を広げる。

●発展と広がり

　この伊藤若冲の「鳥獣花木図屏風」は様々な動物が描かれており，生徒たちにとっては興味をもって鑑賞できる題材である。鑑賞の方法についても様々な方法が考えられるであろう。

　今回の鑑賞を行う際には，描かれた内容だけを感じるのではなく，発問の視点から想像したり，他の作品と比較したりすることで，自分なりの思いや考えを深めたいと考えた。また一人で作品を鑑賞するのとは違い，他者と対話的に鑑賞活動を行うことで，自分一人では気付かなかった新しい価値などに気付いたり，他者に言葉で伝えることにより，それまで漠然と見ていたことが整理されたりすることが期待される。

　発展としては，より深い学びに結び付くような新たな問いを生む授業展開を考えたい。今回は伝統的な表現や価値観が現代にも息づいている例として現代の作家の作品を取り上げたが，その他にも生活の中の美術の働きと関連して，屏風の用途や生活様式を取り上げたり，美術文化の側面などから諸外国と比較したりすることも考えられる。生徒たちにとって授業で身に付けた知識を基に，さらに「なぜ」といった新たな問いを生み出し，自らが調べたりさらに考えを深めたりするような授業の終末を工夫する必要がある。そのためには，授業で身に付ける知識が概念としての知識ではなく，生徒が「そうだったのか」と感じるような，実感を伴った知識や理解が必要である。

　授業が終了した後にも，生徒自身が授業で学んだことを少しでも生活の中で感じたり，関連をもって考えたりすることができ，さらに「本物を見てみたい」「他の作品のことも知りたい」など，次の学習へ向かおうとする力につなげたい。

第5章 実践事例

実践16
なりきりマグリット
〔第3学年／鑑賞〕

● 題材について

本題材は，シュルレアリスムの代表的な画家であるマグリットの作品を鑑賞し，生徒自身が画家になりきり，作品の中に新しい形を紛れ込ませるものである。もともとある作品に参加する活動を通し，マグリットの世界観をより深めることを目的とした題材だ。導入では代表作『ピレネーの城』を対話型鑑賞し，マグリットの作品の特徴であるリアルな描写と，不思議で非現実的な世界観に興味をもたせた。マグリットの発想の面白さ，発展させた作品の表現のよさや美しさなどを感じることを目標に取り組んだ。

マグリット作『ピレネーの城』
Rene Magritte, 1959

実践16 なりきりマグリット

●学習指導要領の関連内容

A表現(1)ア
(ア) 対象や事象を深く見つめ感じ取ったことや考えたこと，夢，想像や感情などの心の世界などを基に主題を生み出し，単純化や省略，強調，材料の組合せなどを考え，創造的な構成を工夫し，心豊かに表現する構想を練ること。

B鑑賞(1)ア
(ア) 造形的なよさや美しさを感じ取り，作者の心情や表現の意図と創造的な工夫などについて考えるなどして，美意識を高め，見方や感じ方を深めること。

●育成する資質・能力（この題材での目標）

○マグリットの作品のよさや美しさを感じ取り，作者の心情や表現意図，創造的な工夫などについて考え，個々の感じ方でマグリットの作品を解釈して新たな世界観を見いだすこと。
○制作した作品について自らの表現意図を文章で表し，生徒相互の鑑賞活動を通して発展させた表現や他者の思い，表現意図や創造的な表現の工夫などを感じ取る能力。

●材料・用具

[教師] 『ピレネーの城』掛図，参考作品，画集，ワークシート，マグリット作品のカラーコピー，はさみ，カッター，のり，色

鉛筆
［生徒］　教科書，資料集，スケッチブック，筆記用具

●学習の流れ（3時間）

	学習のねらい	学習活動
導入①	○マグリットの世界観に興味・関心をもち，作品からイメージを膨らませ，新たな世界観を主体的に見いださせる。	1　マグリットの作品を鑑賞する ・マグリットの掛図『ピレネーの城』を対話型鑑賞する ・マグリットの代表作を映像や黒板に貼り付けて5点ほど紹介し，その中からなりきりたい作品を1点選ぶ。
発展②	○マグリットの作風である『リアルに描かれたモチーフと実際には起こりえない不思議な世界』を意識しながら，作品の中にイメージしたものを紛れ込むように描かせる。	2　マグリットになりきって新たな世界を表現する ・スケッチブックに紛れ込ませたいモチーフを描く。ここでは，マグリットの作風を真似しながら，作品の中に紛れ込むように描くことを通して，マグリットの創造世界を追体験する。 制作の様子 ・描いたものが完成したら，丁寧にハサミで切り取り，糊でカラーコピーしたマグリットの作品に貼り付ける。
まとめ③	○マグリットの作品の面白さや美しさ，発展させた表現や他者の思いや意図，創造的な表現の工夫などを感じ取る。	3　完成した作品について伝え合う ・完成した作品を互いに鑑賞し合い，マグリットの作品の面白さや美しさ，個々に発展させた表現のよさを共有し合う。 ・ワークシートに今回の学習の振り返りを記入して作品の裏に貼り付ける。

実践16　なりきりマグリット

［生徒のコメント］
「ピレネーの城という作品名と，この絵が乾いた土のかたまりに見えたので，一度滅びてしまった国が殻からやぶれて，また復活するような絵にしました。川を描いたのは，国がうるおうようなイメージにしたかったからです。マグリットの作品はパッと見ただけでは全く意味が分からないけれど，だからこそいろいろと考えられて，人それぞれの見方があって楽しかったです」

［生徒のコメント］
「この作品は２人の男の人が空に浮いている様子が描かれていて，私はここに地面を作って，空の雲が映っているようにしたいと思いました。２人に傘を持たせ，地面は水たまりにして雨が上がった時の様子を表現しました。『雨が上がったね！』『そうだね！』というほんわかした雰囲気を出しました」

●発展と広がり

　今回の題材では，マグリットの作品から受けたイメージを発展させて制作する生徒，作品名から受けたイメージを発展させて制作する生徒の主に２パターンに分かれた。個々の感じ方でマグリットの作品を解釈し，新たな世界観を見いだすことができた。マグリットの作風である，「リアルに描かれたモチーフと実際には起こりえない不思議な世界」に興味をもち，授業に参加した生徒が多いことがワークシートの記述から感じ取ることができた。作品に紛れ込ませるための工夫をする点においては，描写力に差が感じられるため，じっくり時間をかけて描く練習をして臨んだほうがより題材の深まりを感じられる。

実践17
北斎になる
〔第２学年／鑑賞〕

● 学習指導要領の関連内容

B 鑑賞(1)ア
(ア) 造形的なよさや美しさを感じ取り，作者の心情や表現の意図と創造的な工夫などについて考えるなどして，美意識を高め，見方や感じ方を深めること。
(イ) 目的や機能との調和のとれた洗練された美しさなどを感じ取り，作者の心情や表現の意図と創造的な工夫などについて考えるなどして，美意識を高め，見方や感じ方を深めること。

B 鑑賞(1)イ
(イ) 日本の美術作品や受け継がれてきた表現の特質などから，伝統や文化のよさや美しさを感じ取り愛情を深めるとともに，諸外国の美術や文化との相違点や共通点に気付き，美術を通した国際理解や美術文化の継承と創造について考えるなどして，見方や感じ方を深めること。

● 育成する資質・能力（この題材での目標）

① 個別の知識や技能
　葛飾北斎の浮世絵版画について深く知ることで，計算された意匠，

実践17 北斎になる

色づかいなど，独創的な視点を学び取り，造形的な特徴を理解する。

② 思考力，判断力，表現力等

感性や想像力を働かせ，造形的視点を通し，形や色彩のもつ要素を基に表現するための方法を模索する。

③ 学びに向かう力，人間性等（情意，態度等に関わるもの）

葛飾北斎の作品との出会いの中で，作品がもつよさや美しさを感じ取り，価値や，そこに隠れた心情を感じ取る。地域に根付く歴史的人物の作品について深く触れ合うことで，地域愛を育成し，地域の美術文化の継承を促す。

● 学習の流れ（4時間）

	学習のねらい	学習活動
導入	・題材の目標を理解する。 ・作品のよさや美しさに気付く。 ・計算された意匠，色づかいなど，独創的な視点を学び取り，造形的な特徴を理解する。	**鑑賞活動Ⅰ** ・校内ギャラリー（富嶽三十六景）を活用。特に地域に馴染みのある地名に絞り込んでおく。
展開	・題材の目標を理解し鑑賞に結び付ける。 ・作品のよさや美しさに気付く。計算された意匠，色づかいなど，独創的な視点を学び取り，造形的な特徴を理解する。 ・他者との関わりの中で新たな気付きを発見する。	**鑑賞活動Ⅱ** ・鑑賞カードを活用し，対話による鑑賞活動を行う。 ① 共通項集め（色，かたち，意匠などについて） ② 季節集め（描かれている内容について深く見つめる）

		③ 物語づくり（柔軟な発想で） ・三つのカード遊びを通じて作品を深く味わう。
まとめ	・作品に取り入れられている自然のよさ，造形的な美しさなどを感じ取り，生活を美しく豊かにする美術の働きについて理解する。 ・身近な地域の題材に触れることで，そのよさや美しさなどを感じ取り美術文化の継承と創造への関心を高める。	・視点をしぼり，お気に入りの作品を選び，鑑賞する。 **三つの視点** ① 自然について描かれている作品。 ② 人の営みについて描かれている作品。 ③ 構図に工夫を感じる作品。 ※表現につなげるための構想に結び付ける（鑑賞だけでなく表現にもつなげる場合）。

●発展と広がり

　美術教育の現場では今，鑑賞教育が見直されている。従来あった知識偏重型の鑑賞教育から脱却を図りつつ，作品をより深く見る活動，そして対話による鑑賞活動を通し，自分の意見だけでなく仲間の意見を尊重することで新たな気付きや学びを得ることを主体としている。また鑑賞活動だけで完結するのではなく，表現活動と相互に関わりをもたせることも必要とされている。

　今回は鑑賞に特化したかたちでの実践となった。実践を通し感じたのは，一人の作家を掘り下げつつ学ぶことは知識理解の上でのちにつながる鑑賞活動に大いに役立つということである。また，地域の著名人を取り上げることは子供たちの授業に対する興味・関心を高めることにつながるということが分かった。

　この授業を美術文化の継承という視点で発展させようと考えると，身近な題材などを扱い，表現の授業につなぐことで，社会・世界と深く関わる視点をもてるのではないだろうか。またグループ学習をより

取り込むことで、お互いに感性を育む場面を作ることができるのではないだろうか。

　墨田区は古くからモノづくりが盛んで、また遊楽を感じる川に面した人情味あふれる町人文化が栄えた街である。生徒自身がモノづくりに恵まれた環境に身を置いていることを生かし、授業につなげていきたい。

●表現につながる授業案として

[題材名]
　「北斎になろう。北斎に乗ろう。」
[ねらい]
　葛飾北斎の作品を鑑賞し幅広く味わうなかで、創造的な工夫を基に独創的なデザインを考える。

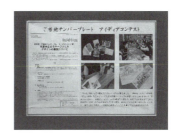

[準備（道具・材料・環境など）]
　筆記用具。色鉛筆。ワークシート（ナンバープレート型）
[題材の内容]
　校内ギャラリーにおける葛飾北斎の浮世絵版画の鑑賞、「すみだ北斎美術館」提供の鑑賞カードを利用した対話による鑑賞活動を行う。パソコンを利用した調べ学習、創造的な表現活動を通し、地域に住まう人々や訪れる観光客に墨田区をアピールするようなご当地ナンバープレートのデザインを行う。

（平成28年度墨田区公益財団法人北斎事業課との連携事業より）

実践18
わたしの阿修羅
〔第3学年／（表現）鑑賞〕

● **題材について**

日本人をひきつけてやまない興福寺の阿修羅像の魅力の一つはその表情にある。本題材は実際に古代天平の仏像制作技法「脱活乾漆」の制作を体験することにより、阿修羅像の鑑賞をより深め、日本の文化を味わうことをねらいとした。

中学3年生という発達段階を考えると、感じることと知ることを交互に繰り返すことでスパイラル状に鑑賞活動が深まっていくと考えられる。そこで情緒的な感想だけではなく、歴史の流れの中で産まれた経緯や、造形的な要素を踏まえてバランスよく阿修羅像の魅力に迫るといった美術の授業ならではのアプローチをしたい。

文化は相互に影響を与えながら、歴史的な流れや人々の美意識、価値観によって独自に醸成され形づくられていく。漆などその土地にある材料を生か

生徒作品「母の愛のほとけさま」

「将来は母のような助産師になりたいです。新しい命を見守るような瞳のほとけさまを作りました」

生徒作品「弱い心を打つ仁王」

「自分は意志が弱いので、心の中をのぞかれて叱られるような見透かされるような表情にしました」

しながら，造仏師たちがいかに優れたものを造るかと腕を競って高め合った結果，日本人の美意識が凝縮し芸術にまで高まった姿を仏像の中に見取ることができる。

信仰の対象を彫刻として表現することは世界各地で見られる。その中で阿修羅像を含めた仏像を鑑賞し，自ら制作することを通して日本人の美意識を実感させたい。

●学習指導要領の関連内容

A表現(1)ア
(ア) 対象や事象を深く見つめ感じ取ったことや考えたこと，夢，想像や感情などの心の世界などを基に主題を生み出し，単純化や省略，強調，材料の組合せなどを考え，創造的な構成を工夫し，心豊かに表現する構想を練ること。

A表現(2)ア
(ア) 材料や用具の特性を生かし，意図に応じて自分の表現方法を追求して創造的に表すこと。
(イ) 材料や用具，表現方法の特性などから制作の順序などを総合的に考えながら，見通しをもって表すこと。

B鑑賞(1)イ
(イ) 日本の美術作品や受け継がれてきた表現の特質などから，伝統や文化のよさや美しさを感じ取り愛情を深めるとともに，諸外国の美術や文化との相違点や共通点に気付き，美術を通した国際理解や美術文化の継承と創造について考えるなどして，見方や感じ方を深めること。

●育成する資質・能力（この題材での目標）

○主体的に表現の構想を練ったり，材料などの特性を生かそうとしている。
○美術文化に関心をもち主体的に見方や理解を深めようとしている。
○「私の阿修羅」というテーマから自己の内面を深く見つめ主題を生み出し，心豊かな表現の構想を練っている。
○脱活乾漆の特性を生かし，表現意図に合う方法を工夫し創造的に表現している。
○感性や想像力を働かせて美術文化についての理解や見方を深めている。

●学習の流れ（10時間）

	学習のねらい	学習活動
鑑賞1	・阿修羅の鑑賞を深めるとともに，時代の影響や素材・技法などから表現や印象の違いを感じ取る。 ・比較することによってそれぞれのよさや美しさ，内に秘めた美意識を感じ取る。 ・飛鳥時代の鋳造仏，天平時代の脱活乾漆，鎌倉時代の木造仏とを比較し，それぞれの時代のよさや技法による表現の違いを感じ取らせる。	1　阿修羅像を鑑賞する。 「阿修羅は何を見つめているのだろうか」 「阿修羅はどんな気持ちなのだろう。怒っているのか。悲しんでいるのか」 「阿修羅は何を訴えたかったのだろうか」 2　三つの図版を見比べる。 　天平時代の表現の自由さや伸びやかさなどに着目させる。 　中国から伝わった乾漆の技法を仏像制作に応用し特質を生かしてより繊細な表情や人間的な質感を表現することで，日本的な美をより表現できるようになったことを感じ取らせる。

表現	・自分の願いや思いを表情に込めて「わたしの阿修羅」の制作を通して鑑賞した仏像の美しさや奥深さに気付き，1300年の時を超えて守り伝えられた日本の文化を誇りに思う心情を育てる。	3　脱活乾漆で「わたしの阿修羅」の制作する。 ①塑像作り 　油粘土で顔の形を創る。 ②剥離剤ぬり 　粘土の上にカリ石けん水を塗る。 ③剥離のための工程 　像全体の形に沿うようにラップ類で覆う ④形状保存のための下地（麻布） 　ラップ類の上からボンド水で麻布を貼る。 塑像作り 石鹸水ぬり ⑤木屎漆（こくそうるし）での造形 　砥の粉を表面にすり込み，油粘土を掻き出す) 　 木屎漆での造形　　麻布を貼る 《生徒の感想》 ・木彫と比べ，繊細なニュアンスが表現できる。 ・肌触りや見た目がしっとり。人間の肌のよう。 ・色がきれいだけど微妙で渋く日本的な感じ。 ・見た目は重厚だけどびっくりするほど軽い。
鑑賞2	・自分たちの作品を鑑賞する。 ・静謐で落ち着いた表情の仏像や中国・インドの仏像との比較を通して，阿修羅像の魅力が単なる「親しみやすい人間的な表情」以上の要素があることに気付かせ，日本的な表現や，日本の美意識について考えさせる。	・「わたしのかみさま」を鑑賞した後，もう一度阿修羅像を鑑賞する。「日本人はなぜこんなにも阿修羅像にひかれるのだろうか」。  ・興福寺以外の阿修羅像を鑑賞し表現の違いを感じる。

・生徒の興味・関心に応じて阿修羅の逸話や光明皇后の母橘三千代の１周忌供養の菩提を弔うために造像されたことなどを紹介する。インドなどのアスラマツダを鑑賞し比較する。

●発展と広がり

① 八部衆のアートカードを鑑賞し，脱活乾漆像の表情の違いを味わい表現活動につなげる。
② 奈良・京都への修学旅行の場合，学習の導入に位置付けることもできる。

実践19
1964東京オリンピックポスターの鑑賞
〔第2・3学年／鑑賞〕

●題材について

　生徒が題材を自分自身のものとして捉え，主体的に取り組むためには，その原動力となる興味・関心や，相応な知識等が必要である。オリンピックをテーマとした本題材は2020年の東京開催に向けて，社会的にも話題性に富み，生徒自身も身近な出来事として捉える可能性が高い。この授業は，対話による鑑賞の活動を中心として展開する。生徒は，まず自分の見方や感じ方を大切にしながら鑑賞し，次に，友人とのコミュニケーションから多様な見方や考え方を知る。さらに，教師の指導により作者の意図や作品の背景などの知識を得ることで，作品に対する理解を深める。その後改めて自分自身の考えを振り返ることにより，美意識を高め，見方や感じ方を深めていく。

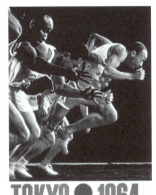

1964オリンピックポスター
左：第1号
右：第2号
亀倉雄策

●学習指導要領の関連内容

> B鑑賞(1)ア
> (イ) 目的や機能との調和のとれた洗練された美しさなどを感じ取り，作者の心情や表現の意図と創造的な工夫などについて考えるなどして，美意識を高め，見方や感じ方を深めること。

●育成する資質・能力（この題材での目標）

オリンピックポスターの鑑賞を通して，ポスターの目的や機能との調和のとれた洗練された美しさなどを感じ取り，作者の心情や意図と創造的な工夫，時代背景などについて考えるなどして美意識を高め，見方や感じ方を深める。

●学習の流れ（1時間）

	学習のねらい	学習活動
導入	・題材への関心・意欲を高める。	・1964年オリンピックポスター第1号を，対話を中心として鑑賞する。
展開	・自分なりの見方や感じ方を大切にしながら鑑賞し，自分の価値意識をもって批評し合うなどして，美意識を高め幅広く味わう。 ・友達の意見や新しい知識を基に鑑賞することで，自分とは異なる作品の見方を感じ取るとともに，目的や機能との調和のとれた洗練された美しさなどを感じ取り，作者の心情や意図と創造的な工夫などについて考える。	・1964年オリンピックポスター第2号を，自分なりの見方や感じ方を大切にしながら鑑賞する。 ・友達と意見交流することにより，多様な見方や感じ方を知る。 ・教師の指導により，1964年当時の人々の生活環境や，国をあげて臨んだオリンピックデザインプロジェクトについて知る。 ・新しく得た知識などを活用しながら，改めて鑑賞を深める。
まとめ	・本時の授業を通して，何を学んだか，学んだことを今後の生活にどう生かすかを考える。	・2枚のポスターを鑑賞して改めて考えたことや感じたことを振り返る。

実践19　1964東京オリンピックポスターの鑑賞

●発展と広がり

　ポスターをはじめ，ピクトグラムやロゴデザイン，代々木体育館等の建築物等を生み出した「1964東京オリンピックデザインプロジェクト」は，これまで行ってきた既存の表現や鑑賞の題材を新たな視点で改善できる素材と考える。また，これらの資料は，教科書や副読本，インターネット上にも数多く掲載されており，必要な際に収集することも比較的容易である。

　今回は，公益財団法人日本オリンピック委員会Webサイトに示された資料を参考としたが，授業においては，生徒個々の見方や感じ方を大切にすると同時に，作品の背景となる当時の人々の生活の様子が具体的にイメージできるような教師の助言や，作品の背景等の情報をどのタイミングでどの程度与えるかがポイントとなる。

　なお，今回の題材と同様に，2020年に向けたオリンピックに関するデザインワークについても，題材化の資料として有効に扱うことができると考える。

　東京オリンピックは，日本の戦後史の重要イベントとして記憶されています。オリンピックとはいうまでもなくスポーツの祭典ですが，1964（昭和39）年に開催された東京オリンピックは，第二次世界大戦で大きな打撃を受けた日本が，その終結からおよそ20年を経て，奇跡的な経済復興を成し遂げたことを国際社会に示す，日本の威信をかけた国家イベントであり，戦後日本のデザイナーが総力を挙げて取り組んだ一大デザインプロジェクトでもありました。東京でのオリンピック開催が決定すると，1960年には「デザイン懇談会」が組織され，まずデザインポリシーが決められました。そして，デザイン評論家勝見勝の指揮のもと，シンボルマークとポスターを亀倉雄策，入場券および表彰状を原弘，識章バッジを河野鷹思，聖火リレーのトーチを柳宗理が担当したほか，田中一光をはじめとする当時の若手デザイナーたちが施設案内のためのピクトグラム，プログラムや会場案内図などの制作に組織的に取り組みました。その一連のデザインワークはその後の国際イベントのモデルともなり，国民はオリンピックを通じてデザインの力を身近に感じることになったのです。

東京国立近代美術館展覧会情報：「東京オリンピック1964デザインプロジェクト」より

193

第5章　実践事例

1964年　オリンピックピクトグラム

　第１号ポスターは1961年２月に作られた。枚数は10万枚。このデザインは大会エンブレムとしても使われ，文字は原弘，全体デザインは亀倉雄策が行なった。すでに40年以上経っているにもかかわらず，全く古さを感じさせず，シンプルで斬新かつ静粛なデザインといえる。亀倉はこのデザインについて「単純でしかも直接的に日本を感じさせ，オリンピックを感じさせる，むずかしいテーマであったが，あんまりひねったり，考えすぎたりしないよう気をつけて作ったのがこのシンボルです。日本の清潔な，しかも明快さと，オリンピックのスポーティな動感とを表してみたかったのです。その点，できたものはサッパリしていて，簡素といっていいほどの単純さです。(以下略)」と自ら語っている。このポスターのデザインとなった大会マークの正式な色は，当時の新聞によると「日の丸が赤，五輪と文字が金色，テレビなどに使うときは日の丸を灰色，五輪と文字は黒色，カラーテレビや多色刷りの時には五輪に五色使ってもよい」となっているが，五輪に五色使ったものはほとんど見かけたことがない。テレビのところの色説明について，あえて「カラーテレビ」とことわっているところは，その当時の時代背景が感じられる(昭和30年頃，まだ白黒テレビが全盛でカラーテレビ・カー・クーラーの３Ｃが消費生活の目標になっていた)。

　第２号ポスター(９万枚作成)が発表されたのは，1962年５月25日で，ディレクター・村越襄，撮影・早坂治。モデルは，リッカーの潮喬平選手(第16回メルボルン大会出場)と岡本政彰選手，東急の久保宣彦選手に立川空軍基地の元アメリカ陸上競技選手を交えた６人で，３月中旬の寒風吹き荒む国立競技場で午後６時から３時間，約80回もスタートをやり直して撮られた写真から選ばれたものである。制作依頼をされた当初，亀倉は１号ポスターを凌駕するデザインポスターを作る自信がなく，そのため，迫力のある，そしてデザイン的感覚ある村越，早坂両氏に白羽の矢を立て，粒子が荒れているのは「迫力を出すため，この荒れを計算に入れてつくった」(亀倉記)そうだ。このグラビア多色刷りＢ全版のポスターというのは日本初のものであった。

公益財団法人日本オリンピック委員会
http://www.joc.or.jp/column/olympiccolumn/memorial/20080508.html

実践20
「風神雷神図屏風」を鑑賞し，日本の美術のよさや美しさを味わおう
〔第2・3学年／鑑賞〕

●題材について

　本題材は俵屋宗達の「風神雷神図屏風」を対話による鑑賞を通して，日本独自で発達した屏風絵や金箔を使用した表現のよさや美しさを理解し，美術文化を大切にしていこうとする態度を深めることをねらいとする。
　「余白の空間の使い方や金箔・墨による日本の伝統的技法から伝統文化のよさや美しさを感じ取ること」や「物語性が強く，言葉による情報がなくても風神や雷神の表情や仕草，構図，表現の特徴から様々な想像をめぐらせることができる」と考える。

●実感的理解のための工夫

(1) 対話による鑑賞

　本題材は美術作品に関する情報を教師が主導で教えるのではなく，日本美術のよさや美しさ，表現の工夫を生徒が作品から読み取り，教師と生徒，または生徒同士で対話によるコミュニケーションをとりながら鑑賞することで，作品のよさを幅広く理解し，個々の見方や価値意識を広げ，深めていく。生徒が自分なりの価値意識をもつと同時に，他者の意見を取り入れ，自分の考えを発信していく力は大人になっても必要とされる力である。美術の鑑賞活動を通して，自分の生活を豊かにしていく態度を育てられると考える。

(2) 導入の工夫

　展開の序盤では原寸大のレプリカと教科書の図版を使って，作品を鑑賞する。鑑賞する前に日本美術について知っていることや，学んだことを質問し，美術文化に対する関心を高めさせる。図版を最初に見せ，次に原寸大の屏風を開きながら，生徒に見せることで，大きさを比較し，屏風が部屋を仕切る家具として使われていたことを意識させ，実物大から感じる作品の迫力を感じさせたい。

授業風景　　　　　　　　　　　原寸大のレプリカで鑑賞

　導入では，作品をじっくり鑑賞し，「どんなものが描いてありますか」という問いかけを行い，初めは意見を幅広い視点から述べさせる。生徒が発言をしやすいように意見をほめることやうなずき，発言の繰り返しを行うことで，意見が受け入れやすい雰囲気をつくっていく。

　なお，生徒には座席を指定せずに，自由に座らせた方が話合いが活発になる傾向が見られる。

教科書の図版を最初に見せ，原寸大の屏風と大きさを比較する

(3) 屏風の特徴や形，色，表現方法に注目しながらよさや美しさを感じ取る

　授業の中盤では，作品の全体的な印象だけでなく，構図や金箔と墨

による表現など形や色がもたらすイメージや表現の工夫について話し合わせ，日本美術に対する考えや見方を深める。そのため，教師が生徒の意見の共通点や相違点を整理し，黒板に板書をして生徒に示すことで，意見が広がり過ぎた場合は拡散しないようにする。

また，対話を振り返り，分かってきたことのまとめを行うとともに，「風神雷神図屏風」の特徴である余白の多い構図や雲の部分のたらし込み，金箔の技法を指導し，日本の伝統的技法について理解を深める。

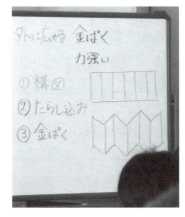

出た意見を板書きし，作品の特徴を指導する

最後に自分の意見と他者の意見を比べ，ワークシートにまとめを行い，日本の伝統文化に対する理解を深めるよう指導する。

●学習指導要領との関連内容

> B鑑賞(1)イ
> (イ) 日本の美術作品や受け継がれてきた表現の特質などから，伝統や文化のよさや美しさを感じ取り愛情を深めるとともに，諸外国の美術や文化との相違点や共通点に気付き，美術を通した国際理解や美術文化の継承と創造について考えるなどして，見方や感じ方を深めること。

●**育成する資質・能力**（この題材での目標）

○日本の美術を鑑賞することで，伝統と文化に対する理解と愛情を深める。
○形や色彩，構図の特徴などから日本独自の表現の工夫のよさと美しさを感じ取り，他者の意見を取り入れながら，美術文化を継承することへの見方や考え方を深める。

●**学習の流れ**（１時間）

	学習のねらい	学習活動
導入	・風神雷神図屏風を鑑賞し，日本の伝統と文化への関心を高める。	・小さな図版を，原寸大のレプリカの屏風との大きさを比較しながら，実物大から感じる作品の迫力を感じ，屏風が部屋を仕切る家具として使われていたことを意識する。
展開	・形や色彩，構図などの特徴から日本独自の表現のよさや工夫を感じ取る。	・屏風の形や色，特徴に注目しながら，感じたことや気付いたことを発表し合う。 ・鑑賞を深めるために，作家の意図や作品の技法に関することを学ぶ。
まとめ	・他者の意見を取り入れながら，美術文化を継承することへの見方や考え方を深める。	・ワークシートに今日の授業で感じたことや他者の意見を聞いて比べた上で，改めて自分が考えたことをまとめる。 ・考えをまとめ，発表し合い，日本美術のよさに気付く。

●**発展と広がり**

　日本美術のよさや美しさを感じ取る鑑賞と関連させて，ミニ屏風や水墨画，扇子，絵巻物などの表現活動につなげることができる。
　また，修学旅行で京都や奈良に行く場合，実存する日本美術の作品を鑑賞することで美術文化についての理解をより深めることができる。

第6章

社会とつながる美術の授業

第1節 社会に発信する美術活動

Q 新学習指導要領では，美術活動を学校内に閉じることなく，社会に発信することを求めていると聞きます。その考え方・進め方について教えてください。

1 生活の中の美術文化

今回の改訂では，「生活の中の美術」を大切に考える方向性がこれまで以上に明確に示されている。〔第1学年〕B鑑賞の記述を見るとそのことがよく分かる。

現行の学習指導要領では，B鑑賞は，「(1)美術作品などのよさや美しさを感じ取り味わう活動を通して，……」と美術作品を中心に鑑賞で指導する事項だけを示していた。しかし，改訂された学習指導要領では，B鑑賞を「ア　美術作品などの見方や感じ方を広げる活動を通して，……」と「イ　生活の中の美術の働きや美術文化についての見方や感じ方を広げる活動を通して，……」の二つに分けて「身に付けることができるよう指導する」と示している。現行のB鑑賞にも「生活における美術の働きなどを感じ取り」という文言は見られるが，それはあくまで美術作品などのよさや美しさを感じ取り味わう活動を中心に指導するよう示されていた。今回の改訂により，鑑賞の学習対象には，生活の中の美術の働きや美術文化が含まれていることが明記されたことになる。

「生活の中の美術」とは，特に美術作品として作られたり扱われたりはしなくとも，美意識をもって生産されたり選択されたりして身の回りにある生活用品などのことであろう。朝起きてから夜寝るまでの生活を思い浮かべると衣食住に関わる多くのものが，デザイナーなどの手を経て作られており，機能とともに美しさも追求されている。また，テーブルに花が活けてあったり，料理に合わせた食器を選び美しく盛り付けたりする生活の中に美を求める行動も「美術文化」として美術作品を鑑賞する美意識と同じように大切にすることが示されている。

また，学校における鑑賞のための環境づくりについても一歩踏み込んだ記述をしている。これまでの「校内の適切な場所に鑑賞作品などを展示するとともに」という記述に加え，「学校や地域の実態に応じて，校外においても生徒作品などの展示の機会を設けるなどすること」と示され，地域や社会に発信する美術活動が求められている。

2　コミュニケーションと相互理解

美術教育の大きな意義として，造形的な視点を生かしながら，物事を自分なりの感性で捉え，自分の思いや願いなどを主体的に表現したり鑑賞することの重要さを述べてきた。

しかし，美術の中には，デザインや工芸などのように様々な人が，社会や生活の中で情報を伝えたり使ったりするためのものを美しく創り出すことも含まれている。こうしたデザインや工芸などの表現の構想を練る場合であっても今回の改訂では，主題を生み出すことの必要性を述べている。そのために場合によってはグループで意見を交換したり，それぞれのアイデアスケッチを批評し合ったりする言語活動の充実も大切な視点として示している。

5～6人のグループで，「私の町の案内表示」をデザインする学習

を考えてみよう。「子どもやお年寄りが安全に暮らせるための表示」「町の観光スポットで魅力を紹介する表示」「外国からの観光客が道に迷わない表示」．何を案内表示にするかという主題や「色や形を整理して統一感のある表示にする」「景観に配慮した表示にする」といったような話合いを通してグループとしてのデザインコンセプトをまとめた企画書を制作する活動である。この活動で身に付く力としては，「伝える相手や内容などから主題を生み出す力」「分かりやすさと美しさなどとの調和を考え，表現の構想を練ることができる力」などである。さらにグループ内での話合い活動から「自分の考えをスケッチで表す力」「グループのデザインコンセプトを企画書にまとめる力」なども考えられる。

　こうした社会に発信する美術の活動は，自分の感性や自分の思いなどを基盤としながらも，他者や社会全般の感じ方・受け取り方などに配慮したコミュニケーションの手段として構想を練らなくてはならない。特に，この例に示したようなグループ活動では，グループ内での相互理解は欠かすことのできない条件である。このような授業では，活発な言語活動が行われ，共通の主題を基に統一感のある案内表示のアイデアを一人一人が形や色で表現することが求められる。また，説明する過程では自己理解とともに相互理解も深まり，美術によるコミュニケーションと相互理解の大切さを学び実感することができる。

3　写真表現による感性の交流

　美術には様々な表現方法がある。学習指導要領の「2　内容」にこそ示されていないが，写真による表現も今後ますます身近で親しみやすい表現になるだろう。学習指導要領では「第3　指導計画の作成と内容の取扱い」の中で，次のように示されている。「美術の表現の可能性を広げるために，写真・ビデオ・コンピュータ等の映像メディア

の積極的な活用を図るようにすること」。この表現は，改訂後も変わっていない。

　写真による表現は，携帯電話やスマートフォンの普及拡大とともに世界的に広がりを見せている。ただ写真や動画を撮影できるだけではなく，送信することによって多くの人に自らの感性を発信できるようになってきた。

　もう一つの理由は，カメラのデジタル化である。これまでのフィルムを使ったカメラと違い，デジタルカメラには，フィルムの消費を気にすることなく何枚でも撮れる気軽さがある。たくさん撮って選ぶことができることは，より表現意図に合った写真が撮れるようになったことになる。さらに，撮った写真をその場でモニターにより確認できることも表現の幅を広げた。かつては授業で撮影しても，翌週までは見ることのできなかった作品が，即座に確認でき，その時間内にプリントすることができるようになった。カメラによっては動画も撮影できるため，表現の可能性が広がっている。

4　表現意図による技法，材料などの選択

　「第3　指導計画の作成と内容の取扱い」の中には，今回の改訂でも，表現技法や材料などを生徒が表現意図に合わせて表現できるようにすることが「生徒の学習経験や資質・能力，発達の特性等の実態を踏まえ，生徒が自分の表現意図に合う表現形式や技法，材料などを選択し，創意工夫して表現できるように」と書かれている。学校の授業で生徒一人一人に表現技法や材料などを選択させて制作させることは，設定時間数や制作場所などの面から難しいこともあるが，生徒が主体的に制作する「学びに向かう力」を育成する意味からも必要なことである。

　義務教育として美術を学ぶ最後の卒業制作として，これまでの美術

の活動を振り返り，主題や表現形式，技法，材料などを自分の意志で選択して制作する活動は，将来にわたり自分の意志で続けていく造形表現への方向付けとしての意味からも価値のある経験になると考える。

第2節
美術館などとの連携

Q 美術館，博物館等との連携をどう図り，美術科の学びを充実させ，将来にわたる心豊かな生活の創造につなげていけばよいですか。

1 美術文化を楽しむ人生

　日本の学校教育は学習指導要領を基準とした上で，地域や学校の実態に合わせて特色ある教育活動が行われている。義務教育である小学校，中学校の9年間，図画工作や美術が必修教科として定着していることも素晴らしいことである。少なくともこの9年間は，全国民が造形美術教育としての表現や鑑賞の活動を通して，造形的な見方・考え方を働かせ，生活や社会の中の美術や美術文化と豊かに関わる資質・能力の育成を目指すという目標で表現や鑑賞の活動を続けている。
　このような資質・能力を身に付けた生徒たちは，この先の長い人生にわたり，美術や美術文化と具体的にどのような「豊かな関わり」を目指すことになるのだろうか。
　この章では，人生90年とも言われる時代を「生活や社会の中の美術や美術文化と豊かに関わる資質・能力の育成を目指す」という視点で考えてみたい。
　改訂した学習指導要領「美術」の目標にキーワードを求め，生涯にわたり美術や美術文化と豊かに関わる心豊かな生活について考えたと

き，それは必ずしも美術の表現や鑑賞の活動を続けることだけではないのではないかと思う。もちろん前節の最後の述べたように，自分の好きな，あるいは得意な表現形式や技法，材料などによる造形表現を将来にわたり自分の意志で続けていくことは素晴らしいことである。しかし，美術の授業などで学んできた表現や鑑賞は，将来にわたってこれらを継続するための練習として行われたわけではない。美術の幅広い活動を通して，対象や事象を捉える造形的な視点を理解したり，美術や美術文化に対する見方や感じ方を深め，心豊かな生活を創造していく態度を養い，豊かな情操を培うことを目指して行われたのである。

衣食住にわたる生活の様々なシーンで美術や美術文化を感じる感性を豊かにし，美術を愛好しながら心豊かな生活を楽しむことができることがこの教科を学ぶ意義だと考える。

例えば，「衣」や「食」の分野では，自分に合ったデザインの服などを選び，季節や場の雰囲気に合ったコーディネートを楽しんだり，食材やテーブル全体の雰囲気を考えて食器を選び美しい盛り付けをするなど，日々の生活に生かせる資質や能力である。また，「住」の分野では，季節や行事など合わせた空間の演出，玄関や床の間などの装飾，室内の模様替えやガーデニングなど日常生活の様々なシーンを挙げることができる。もちろん自宅に自身の作品や家族の作品を飾ったり，レプリカであっても好きな作家作品をコレクションし，鑑賞するような生活も，美術による心豊かな生活と言えるだろう。

2　日常生活と美術館

美術教師を目指している大学生に聞いてみたところ，美術館に行く回数が思ったより少ないことに驚いた。中には，これまでに2〜3回しか行ったことがないという学生もかなりいた。正式な調査として

行ったわけではないので，たまたまそうだったのかもしれないが，映画館や遊園地には，小遣いを貯めてでも行こうとするのに，美術が大好きなはずの美大生があまり美術館に行きたいと思わないのはなぜだろうか。

　私見ではあるが，美術館に対するイメージが，どこか堅苦しく敷居が高い感じがするのではないかと思う。「大切な美術作品だから触ったり近づきすぎてはいけません」「おしゃべりをしないで静かに見なさい」「走ってはいけません」——初めて美術館を体験する子どもたちに親や教師が言うことは，子供にとって窮屈な禁止事項ばかりなのかもしれない。また，美術館に子供を連れて行こうとする親や教師にしても，行儀よくマナーを守って鑑賞させることを第一義と考えるような傾向があるのではないだろうか。

3　美術館の敷居を低くする体験

　私は，中学校の教員をしていた頃，夏休みの課題として，美術館での鑑賞をさせていた。その課題の条件は，およそ次のようなものであった。
　① 　美術館へは１人か，数人のグループで行くこと。
　② 　作品の中から一番好きで，欲しい作品を１点選ぶこと。（※家に展示できる場所があるかなどは関係なく選ぶ）
　③ 　その作品の絵ハガキか，はがき大のスケッチをレポート用紙に貼り，どこが好きか理由や感想を書いて９月に提出すること。

　当時私は，「欲しい作品」という視点を大事にしていた。文房具店や玩具店，雑貨店などに子供を連れて行き，「よく見てごらん」というよりも，「どれか一つだけ買ってあげるよ」と言う方が，子供の見る目が真剣になると考えたからである。そして，「欲しい」という気持ちは，個人的で分かりやすい判断の視点だと考えたのである。

また，できるだけ1人で行く体験も大切だと考えていた。なんとなく敷居の高い美術館に1人で行くことができたという体験は，生徒にとっての自信となり，その自信が将来また行ってみようかという思いにつながると考えていた。

　美術館へは，貴重な作品を見せていただくという気持ちから，欲しい絵を探しに行くという気持ちや行きたいときには1人で行けるという気持ちを実感させたいと考えたのである。このような実感を伴った体験が，美術館の敷居を低くする効果があると考えた。

　現在でも，美術の教師を目指す学生たちに美術館を取材し，生徒たちに紹介するパンフレットを作ることを課題としている。中学生に紹介したい美術館の生き方や鑑賞のポイントなどを分かりやすくまとめた「先生がすすめる美術館ガイド」である。美術館の外観は自分で撮影した写真を使って紹介し，生徒が，親近感をもって美術館に向かえるような視点を大切に制作させている。

4　美術館を心豊かに楽しむ

　美術館には，美術文化としての作品を収集し管理したり，公開や修復まで様々な機能がある。その中で，学校教育と深い関係にあるのが教育普及という機能であるが，近年その充実が図られているように感じられ，嬉しいことである。以前は，学芸員が作品研究や図録制作などの仕事も同時に行っているような実態も感じられたが，近年では，教育普及を専門に担当する職員を配置する美術館も増え，子供たちへの呼びかけやワークショップの開催，学校教育との連携などを模索する動きが活発になってきた。このような動きに呼応して，美術教師としてどのような指導をすべきか考えることが必要である。

　生涯，広い意味での美術の活動を通して心豊かな生活をすることができる資質や能力を身に付けるためには，美術館での活動を楽しむ意

識を育て，美術館の教育活動につなげることも必要となってくる。

　美術館を心豊かに楽しむ意義について述べているが，美術館は設置母体を見ても様々であり，近くに美術館のない地域もある。しかし，美術館を「美術や工芸の作品と触れ合える場所」と捉え直して考えると，市や町の文化財，神社仏閣の資料館，百貨店のショーウィンドーや工芸品売場，観光協会の展示場など地域に密着した美術的な文化は身近にあるものである。

　学習指導要領の「第3　指導計画の作成と内容の取扱い」の「B鑑賞」の題材について触れた中には「美術館，博物館等との連携を図ったり，それらの施設や文化財などを積極的に活用したりするようにすること」と示されている。そのためには，教師がそれらの施設と連携を図り，生徒の意識付けをするような指導の工夫が重要になってくる。

　美術館などとも連携しながら，将来にわたり美術を愛好し，心豊かな生活を創造していくことのできる生徒を育てることが，美術を担当する教師の大きな務めではないだろうか。

中学校学習指導要領
平成29年3月〔抜粋〕

第2章 各教科
第6節 美術
第1 目標
　表現及び鑑賞の幅広い活動を通して，造形的な見方・考え方を働かせ，生活や社会の中の美術や美術文化と豊かに関わる資質・能力を次のとおり育成することを目指す。
(1) 対象や事象を捉える造形的な視点について理解するとともに，表現方法を創意工夫し，創造的に表すことができるようにする。
(2) 造形的なよさや美しさ，表現の意図と工夫，美術の働きなどについて考え，主題を生み出し豊かに発想し構想を練ったり，美術や美術文化に対する見方や感じ方を深めたりすることができるようにする。
(3) 美術の創造活動の喜びを味わい，美術を愛好する心情を育み，感性を豊かにし，心豊かな生活を創造していく態度を養い，豊かな情操を培う。

第2 各学年の目標及び内容
〔第1学年〕
1 目標
(1) 対象や事象を捉える造形的な視点について理解するとともに，意図に応じて表現方法を工夫して表すことができるようにする。
(2) 自然の造形や美術作品などの造形的なよさや美しさ，表現の意図と工夫，機能性と美しさとの調和，美術の働きなどについて考え，主題を生み出し豊かに発想し構想を練ったり，美術や美術文化に対する見方や感じ方を広げたりすることができるようにする。
(3) 楽しく美術の活動に取り組み創造活動の喜びを味わい，美術を愛好する心情を培い，心豊かな生活を創造していく態度を養う。

2 内容
A 表現
(1) 表現の活動を通して，次のとおり発想や構想に関する資質・能力を育成する。
　ア　感じ取ったことや考えたことなどを基に，絵や彫刻などに表現する活動を通して，発想や構想に関する次の事項を身に付けることができるよう指導する。
　　(ｱ)　対象や事象を見つめ感じ取った形や色彩の特徴や美しさ，想像したことなどを基に主題を生み出し，全体と部分との関係などを考え，創造的な構成を工夫し，心豊かに表現する構想を練ること。
　イ　伝える，使うなどの目的や機能を考え，デザインや工芸などに表現する活動を通して，発想

や構想に関する次の事項を身に付けることができるよう指導する。
　(ｱ)　構成や装飾の目的や条件などを基に，対象の特徴や用いる場面などから主題を生み出し，美的感覚を働かせて調和のとれた美しさなどを考え，表現の構想を練ること。
　(ｲ)　伝える目的や条件などを基に，伝える相手や内容などから主題を生み出し，分かりやすさと美しさなどとの調和を考え，表現の構想を練ること。
　(ｳ)　使う目的や条件などを基に，使用する者の気持ち，材料などから主題を生み出し，使いやすさや機能と美しさなどとの調和を考え，表現の構想を練ること。
(2)　表現の活動を通して，次のとおり技能に関する資質・能力を育成する。
　ア　発想や構想をしたことなどを基に，表現する活動を通して，技能に関する次の事項を身に付けることができるよう指導する。
　　(ｱ)　材料や用具の生かし方などを身に付け，意図に応じて工夫して表すこと。
　　(ｲ)　材料や用具の特性などから制作の順序などを考えながら，見通しをもって表すこと。
B　鑑賞
(1)　鑑賞の活動を通して，次のとおり鑑賞に関する資質・能力を育成する。
　ア　美術作品などの見方や感じ方を広げる活動を通して，鑑賞に関する次の事項を身に付けることができるよう指導する。
　　(ｱ)　造形的なよさや美しさを感じ取り，作者の心情や表現の意図と工夫などについて考えるなどして，見方や感じ方を広げること。
　　(ｲ)　目的や機能との調和のとれた美しさなどを感じ取り，作者の心情や表現の意図と工夫などについて考えるなどして，見方や感じ方を広げること。
　イ　生活の中の美術の働きや美術文化についての見方や感じ方を広げる活動を通して，鑑賞に関する次の事項を身に付けることができるよう指導する。
　　(ｱ)　身の回りにある自然物や人工物の形や色彩，材料などの造形的な美しさなどを感じ取り，生活を美しく豊かにする美術の働きについて考えるなどして，見方や感じ方を広げること。
　　(ｲ)　身近な地域や日本及び諸外国の文化遺産などのよさや美しさなどを感じ取り，美術文化について考えるなどして，見方や感じ方を広げること。
〔共通事項〕
(1)　「Ａ表現」及び「Ｂ鑑賞」の指

導を通して,次の事項を身に付けることができるよう指導する。
　ア　形や色彩,材料,光などの性質や,それらが感情にもたらす効果などを理解すること。
　イ　造形的な特徴などを基に,全体のイメージや作風などで捉えることを理解すること。

3　内容の取扱い
(1)　第1学年では,内容に示す各事項の定着を図ることを基本とし,一年間で全ての内容が学習できるように一題材に充てる時間数などについて十分検討すること。
(2)　「A表現」及び「B鑑賞」の指導に当たっては,発想や構想に関する資質・能力や鑑賞に関する資質・能力を育成する観点から,〔共通事項〕に示す事項を視点に,アイデアスケッチで構想を練ったり,言葉で考えを整理したりすることや,作品などについて説明し合うなどして対象の見方や感じ方を広げるなどの言語活動の充実を図ること。

〔第2学年及び第3学年〕
1　目標
(1)　対象や事象を捉える造形的な視点について理解するとともに,意図に応じて自分の表現方法を追求し,創造的に表すことができるようにする。
(2)　自然の造形や美術作品などの造形的なよさや美しさ,表現の意図と創造的な工夫,機能性と洗練された美しさとの調和,美術の働きなどについて独創的・総合的に考え,主題を生み出し豊かに発想し構想を練ったり,美術や美術文化に対する見方や感じ方を深めたりすることができるようにする。
(3)　主体的に美術の活動に取り組み創造活動の喜びを味わい,美術を愛好する心情を深め,心豊かな生活を創造していく態度を養う。

2　内　容
A　表　現
(1)　表現の活動を通して,次のとおり発想や構想に関する資質・能力を育成する。
　ア　感じ取ったことや考えたことなどを基に,絵や彫刻などに表現する活動を通して,発想や構想に関する次の事項を身に付けることができるよう指導する。
　　(ｱ)　対象や事象を深く見つめ感じ取ったことや考えたこと,夢,想像や感情などの心の世界などを基に主題を生み出し,単純化や省略,強調,材料の組合せなどを考え,創造的な構成を工夫し,心豊かに表現する構想を練ること。
　イ　伝える,使うなどの目的や機能を考え,デザインや工芸などに表現する活動を通して,発想や構想に関する次の事項を身に付けることができるよう指導する。
　　(ｱ)　構成や装飾の目的や条件などを基に,用いる場面や環境,

社会との関わりなどから主題を生み出し，美的感覚を働かせて調和のとれた洗練された美しさなどを総合的に考え，表現の構想を練ること。
- (イ) 伝える目的や条件などを基に，伝える相手や内容，社会との関わりなどから主題を生み出し，伝達の効果と美しさなどとの調和を総合的に考え，表現の構想を練ること。
- (ウ) 使う目的や条件などを基に，使用する者の立場，社会との関わり，機知やユーモアなどから主題を生み出し，使いやすさや機能と美しさなどとの調和を総合的に考え，表現の構想を練ること。

(2) 表現の活動を通して，次のとおり技能に関する資質・能力を育成する。
- ア　発想や構想をしたことなどを基に，表現する活動を通して，技能に関する次の事項を身に付けることができるよう指導する。
  - (ア) 材料や用具の特性を生かし，意図に応じて自分の表現方法を追求して創造的に表すこと。
  - (イ) 材料や用具，表現方法の特性などから制作の順序などを総合的に考えながら，見通しをもって表すこと。

B　鑑　賞

(1) 鑑賞の活動を通して，次のとおり鑑賞に関する資質・能力を育成する。
- ア　美術作品などの見方や感じ方を深める活動を通して，鑑賞に関する次の事項を身に付けることができるよう指導する。
  - (ア) 造形的なよさや美しさを感じ取り，作者の心情や表現の意図と創造的な工夫などについて考えるなどして，美意識を高め，見方や感じ方を深めること。
  - (イ) 目的や機能との調和のとれた洗練された美しさなどを感じ取り，作者の心情や表現の意図と創造的な工夫などについて考えるなどして，美意識を高め，見方や感じ方を深めること。
- イ　生活や社会の中の美術の働きや美術文化についての見方や感じ方を深める活動を通して，鑑賞に関する次の事項を身に付けることができるよう指導する。
  - (ア) 身近な環境の中に見られる造形的な美しさなどを感じ取り，安らぎや自然との共生などの視点から生活や社会を美しく豊かにする美術の働きについて考えるなどして，見方や感じ方を深めること。
  - (イ) 日本の美術作品や受け継がれてきた表現の特質などから，伝統や文化のよさや美しさを感じ取り愛情を深めるとともに，諸外国の美術や文化

との相違点や共通点に気付き，美術を通した国際理解や美術文化の継承と創造について考えるなどして，見方や感じ方を深めること。

〔共通事項〕
(1) 「A表現」及び「B鑑賞」の指導を通して，次の事項を身に付けることができるよう指導する。
　ア　形や色彩，材料，光などの性質や，それらが感情にもたらす効果などを理解すること。
　イ　造形的な特徴などを基に，全体のイメージや作風などで捉えることを理解すること。

3　内容の取扱い
(1) 第2学年及び第3学年では，第1学年において身に付けた資質・能力を柔軟に活用して，表現及び鑑賞に関する資質・能力をより豊かに高めることを基本とし，第2学年と第3学年の発達の特性を考慮して内容の選択や一題材に充てる時間数などについて十分検討すること。
(2) 「A表現」及び「B鑑賞」の指導に当たっては，発想や構想に関する資質・能力や鑑賞に関する資質・能力を育成する観点から，〔共通事項〕に示す事項を視点に，アイデアスケッチで構想を練ったり，言葉で考えを整理したりすることや，作品などに対する自分の価値意識をもって批評し合うなどして対象の見方や感じ方を深めるなどの言語活動の充実を図ること。
(3) 「B鑑賞」のイの(イ)の指導に当たっては，日本の美術の概括的な変遷などを捉えることを通して，各時代における作品の特質，人々の感じ方や考え方，願いなどを感じ取ることができるよう配慮すること。

第3　指導計画の作成と内容の取扱い
1　指導計画の作成に当たっては，次の事項に配慮するものとする。
(1) 題材など内容や時間のまとまりを見通して，その中で育む資質・能力の育成に向けて，生徒の主体的・対話的で深い学びの実現を図るようにすること。その際，造形的な見方・考え方を働かせ，表現及び鑑賞に関する資質・能力を相互に関連させた学習の充実を図ること。
(2) 第2の各学年の内容の「A表現」及び「B鑑賞」の指導については相互に関連を図り，特に発想や構想に関する資質・能力と鑑賞に関する資質・能力とを総合的に働かせて学習が深められるようにすること。
(3) 第2の各学年の内容の〔共通事項〕は，表現及び鑑賞の学習において共通に必要となる資質・能力であり，「A表現」及び「B鑑賞」の指導と併せて，十分な指導が行われるよう工夫すること。
(4) 第2の各学年の内容の「A表現」については，(1)のア及びイと，(2)

は原則として関連付けて行い，(1)のア及びイそれぞれにおいて描く活動とつくる活動のいずれも経験させるようにすること。その際，第2学年及び第3学年の各学年においては，(1)のア及びイそれぞれにおいて，描く活動とつくる活動のいずれかを選択して扱うことができることとし，2学年間を通して描く活動とつくる活動が調和的に行えるようにすること。

(5) 第2の内容の「B鑑賞」の指導については，各学年とも，各事項において育成を目指す資質・能力の定着が図られるよう，適切かつ十分な授業時数を確保すること。

(6) 障害のある生徒などについては，学習活動を行う場合に生じる困難さに応じた指導内容や指導方法の工夫を計画的，組織的に行うこと。

(7) 第1章総則の第1の2の(2)に示す道徳教育の目標に基づき，道徳科などとの関連を考慮しながら，第3章特別の教科道徳の第2に示す内容について，美術科の特質に応じて適切な指導をすること。

2 第2の内容の取扱いについては，次の事項に配慮するものとする。

(1) 〔共通事項〕の指導に当たっては，生徒が造形を豊かに捉える多様な視点をもてるように，以下の内容について配慮すること。

　ア 〔共通事項〕のアの指導に当たっては，造形の要素などに着目して，次の事項を実感的に理解できるようにすること。

　　(ア) 色彩の色味や明るさ，鮮やかさを捉えること。

　　(イ) 材料の性質や質感を捉えること。

　　(ウ) 形や色彩，材料，光などから感じる優しさや楽しさ，寂しさなどを捉えること。

　　(エ) 形や色彩などの組合せによる構成の美しさを捉えること。

　　(オ) 余白や空間の効果，立体感や遠近感，量感や動勢などを捉えること。

　イ 〔共通事項〕のイの指導に当たっては，全体のイメージや作風などに着目して，次の事項を実感的に理解できるようにすること。

　　(ア) 造形的な特徴などを基に，見立てたり，心情などと関連付けたりして全体のイメージで捉えること。

　　(イ) 造形的な特徴などを基に，作風や様式などの文化的な視点で捉えること。

(2) 各学年の「A表現」の指導に当たっては，主題を生み出すことから表現の確認及び完成に至る全過程を通して，生徒が夢と目標をもち，自分のよさを発見し喜びをもって自己実現を果たしていく態度の形成を図るようにすること。

(3) 各学年の「A表現」の指導に当たっては，生徒の学習経験や資質・

能力，発達の特性等の実態を踏まえ，生徒が自分の表現意図に合う表現形式や技法，材料などを選択し創意工夫して表現できるように，次の事項に配慮すること。

　ア　見る力や感じ取る力，考える力，描く力などを育成するために，スケッチの学習を効果的に取り入れるようにすること。
　イ　美術の表現の可能性を広げるために，写真・ビデオ・コンピュータ等の映像メディアの積極的な活用を図るようにすること。
　ウ　日本及び諸外国の作品の独特な表現形式，漫画やイラストレーション，図などの多様な表現方法を活用できるようにすること。
　エ　表現の材料や題材などについては，地域の身近なものや伝統的なものも取り上げるようにすること。
(4)　各活動において，互いのよさや個性などを認め尊重し合うようにすること。
(5)　互いの個性を生かし合い協力して創造する喜びを味わわせるため，適切な機会を選び共同で行う創造活動を経験させること。
(6)　各学年の「B鑑賞」の題材については，国内外の児童生徒の作品，我が国を含むアジアの文化遺産についても取り上げるとともに，美術館や博物館等と連携を図ったり，それらの施設や文化財などを積極的に活用したりするようにすること。
(7)　創造することの価値を捉え，自己や他者の作品などに表れている創造性を尊重する態度の形成を図るとともに，必要に応じて，美術に関する知的財産権や肖像権などについて触れるようにすること。また，こうした態度の形成が，美術文化の継承，発展，創造を支えていることへの理解につながるよう配慮すること。
3　事故防止のため，特に，刃物類，塗料，器具などの使い方の指導と保管，活動場所における安全指導などを徹底するものとする。
4　学校における鑑賞のための環境づくりをするに当たっては，次の事項に配慮するものとする。
(1)　生徒が造形的な視点を豊かにもつことができるよう，生徒や学校の実態に応じて，学校図書館等における鑑賞用図書，映像資料等の活用を図ること。
(2)　生徒が鑑賞に親しむことができるよう，校内の適切な場所に鑑賞作品などを展示するとともに，学校や地域の実態に応じて，校外においても生徒作品などの展示の機会を設けるなどすること。

編者・執筆者一覧

●編 者

永関和雄（武蔵野美術大学非常勤講師）
安藤聖子（武蔵野大学非常勤講師，明星大学非常勤講師）

●執筆者

永関和雄（上掲）	1章，4章，6章
安藤聖子（上掲）	2章，3章
長尾菊絵（東京都西東京市立ひばりが丘中学校主任教諭）	5章実践
佐藤真理子（東京都大田区立南六郷中学校指導教諭）	5章実践
奥井　伸（東京都墨田区立桜堤中学校主任教諭）	5章実践
窪田眞敏（山梨県甲府市立城南中学校主幹教諭）	5章実践
福島淳子（東京都中野区立北中野中学校主任教諭）	5章実践
守　智恵子（仙台市立柳生中学校教諭）	5章実践
小西悟士（さいたま市立本太中学校教諭）	5章実践
潮　絵里子（山梨県上野原市立上野原中学校教諭）	5章実践
濱脇みどり（東京都西東京市立青嵐中学校主任教諭）	5章実践
小西彩恵（埼玉県朝霞市立朝霞第二中学校教諭）	5章実践
畠山真理（東京都府中市立府中第六中学校主任教諭）	5章実践

［掲載順／職名は執筆時現在］

●編著者プロフィール

永関和雄(ながせき・かずお)
武蔵野美術大学非常勤講師

多摩美術大学グラフィックデザイン科卒。東京都公立中学校教員から東京都教育委員会指導主事,八王子市教育委員会指導室長,東京都公立中学校統括校長を経て現職。全国造形教育連盟前委員長。平成10年度改訂,文部省「中学校学習指導要領(美術)」の作成協力者。

安藤聖子(あんどう・せいこ)
武蔵野大学非常勤講師,明星大学非常勤講師

北海道教育大学卒業。民間企業から札幌市公立小学校勤務後,幼児造形教室主宰。東京都公立小中学校教員。東京都公立中学校校長。白百合女子大学文学部教授。その後,現職。平成10年度改訂,文部省「中学校学習指導要領解説(美術)」作成協力者。

平成29年改訂
中学校教育課程実践講座
美　術

2018年2月25日　第1刷発行

編　著　永関和雄・安藤聖子
発　行　株式会社ぎょうせい
〒136-8575　東京都江東区新木場1-18-11
電　話　編集　03-6892-6508
　　　　営業　03-6892-6666
フリーコール　0120-953-431
URL：https://gyosei.jp

〈検印省略〉

印刷　ぎょうせいデジタル株式会社
乱丁・落丁本は,送料小社負担にてお取り替えいたします。
©2018　Printed in Japan　禁無断転載・複製
ISBN978-4-324-10323-4 (3100535-01-007) [略号：29中課程(美)]

平成29年改訂
小学校教育課程実践講座
全14巻

- ☑ 豊富な先行授業事例・指導案
- ☑ Q&Aで知りたい疑問を即解決!
- ☑ 信頼と充実の執筆陣

⇒学校現場の ? に即アプローチ!
明日からの授業づくりに直結!!

A5判・本文2色刷り・各巻220〜240頁程度
セット定価(本体**25,200**円+税) 各巻定価(本体**1,800**円+税)
セット送料サービス　　　　　　　各巻送料300円

巻構成　編者一覧

- ●**総則** 天笠　茂(千葉大学特任教授)
- ●**国語** 樺山敏郎(大妻女子大学准教授)
- ●**社会** 北　俊夫(国士舘大学教授)
- ●**算数** 齊藤一弥(高知県教育委員会学力向上総括専門官)
- ●**理科** 日置光久(東京大学特任教授)
  田村正弘(東京都足立区立千寿小学校校長)
  川上真哉(東京大学特任研究員)
- ●**生活** 朝倉　淳(広島大学教授)
- ●**音楽** 宮下俊也(奈良教育大学教授・副学長・理事)

- ●**図画工作** 奥村高明(聖徳大学教授)
- ●**家庭** 岡　陽子(佐賀大学大学院教授)
  鈴木明子(広島大学大学院教授)
- ●**体育** 岡出美則(日本体育大学教授)
- ●**外国語活動・外国語** 菅　正隆(大阪樟蔭女子大学教授)
- ●**特別の教科 道徳** 押谷由夫(武庫川女子大学教授)
- ●**総合的な学習の時間** 田村　学(國學院大學教授)
- ●**特別活動** 有村久春(東京聖栄大学教授)

株式会社ぎょうせい
フリーコール TEL:0120-953-431 [平日9〜17時] FAX:0120-953-495
〒136-8575 東京都江東区新木場1-18-11
https://shop.gyosei.jp　ぎょうせいオンライン　検索

平成29年改訂
中学校教育課程実践講座
全13巻

☑ 豊富な先行授業事例・指導案
☑ Q&Aで知りたい疑問を即解決！
☑ 信頼と充実の執筆陣

⇒学校現場の ? に即アプローチ！
明日からの授業づくりに直結!!

A5判・本文2色刷り・各巻220～240頁程度
セット定価（本体 **23,400**円＋税）　各巻定価（本体 **1,800**円＋税）
セット送料サービス　　　　　　　　　　　各巻送料300円

巻構成　編者一覧

- ●**総 則**　天笠　茂（千葉大学特任教授）
- ●**国 語**　髙木展郎（横浜国立大学名誉教授）
- ●**社 会**　工藤文三（大阪体育大学教授）
- ●**数 学**　永田潤一郎（文教大学准教授）
- ●**理 科**　小林辰至（上越教育大学大学院教授）
- ●**音 楽**　宮下俊也（奈良教育大学教授・副学長・理事）
- ●**美 術**　永関和雄（武蔵野美術大学非常勤講師）
　　　　　　安藤聖子（明星大学非常勤講師）
- ●**保健体育**　今関豊一（日本体育大学大学院教授）

- ●**技術・家庭**
　〈技術分野〉古川　稔（福岡教育大学特命教授）
　〈家庭分野〉杉山久仁子（横浜国立大学教授）
- ●**外 国 語**　菅　正隆（大阪樟蔭女子大学教授）
- ●**特別の教科 道徳**　押谷由夫（武庫川女子大学教授）
- ●**総合的な学習の時間**　田村　学（國學院大學教授）
- ●**特別活動**　城戸　茂（愛媛大学教授）
　　　　　　　島田光美（日本体育大学非常勤講師）
　　　　　　　美谷島正義（東京女子体育大学教授）
　　　　　　　三好仁司（日本体育大学教授）

株式会社 **ぎょうせい**
フリーコール　TEL：0120-953-431［平日9〜17時］　FAX：0120-953-495
〒136-8575　東京都江東区新木場1-18-11
https://shop.gyosei.jp　ぎょうせいオンライン 検索

「特別支援教育」の考え方・進め方が 事例でわかるシリーズ！

共生社会の時代の特別支援教育 全3巻

編集代表 柘植雅義（筑波大学教授）

A5判・セット定価（本体7,500円＋税）送料サービス
各巻定価（本体2,500円＋税）送料300円 ［電子版］各巻定価（本体2,500円＋税）
※送料は平成29年11月現時点の料金です。 ※電子版はぎょうせいオンライン（https://shop.gyosei.jp）からご注文ください。

「特別支援教育」の今を知り、目の前の子供たちに向き合っていく。
その確かな手がかりがここに。

巻構成

第1巻 新しい特別支援教育 インクルーシブ教育の今とこれから

特別支援教育の現状と課題をコンパクトにまとめ、学校種ごとの実践のポイントについて事例を通して紹介いたします。

編集代表 柘植雅義（筑波大学教授） 編著 石橋由紀子（兵庫教育大学大学院准教授）
伊藤由美（国立特別支援教育総合研究所主任研究員）
吉利宗久（岡山大学大学院准教授）

第2巻 学びを保障する指導と支援 すべての子供に配慮した学習指導

障害のある子供への指導・支援、すべての子供が共に学び合う環境づくり、授業における合理的配慮の実際など、日々の実践に直結した事例が満載です。

編集代表 柘植雅義（筑波大学教授） 編著 熊谷恵子（筑波大学教授）
日野久美子（佐賀大学大学院教授）
藤本裕人（帝京平成大学教授）

第3巻 連携とコンサルテーション 多様な子供を多様な人材で支援する

学校内外の人材をどう生かし子供の学びと育ちを支えていくか。生徒指導や教育相談の在り方は、保護者の関わりは、様々な連携策を事例で示します。

編集代表 柘植雅義（筑波大学教授） 編著 大石幸二（立教大学教授）
鎌塚優子（静岡大学教授）
滝川国芳（東洋大学教授）

株式会社 ぎょうせい
フリーコール TEL：0120-953-431 ［平日9〜17時］ FAX：0120-953-495
〒136-8575 東京都江東区新木場1-18-11
https://shop.gyosei.jp ぎょうせいオンライン 検索